Studies for the Teacher Training ■■□

やさしく学ぶ 教 職 課 程

教育原理

古賀 毅 [編著]

学文社

執　筆　者

*古賀　　毅　　千葉工業大学（1.1～1.5, 3.1～3.3, 3.7, 4.8, 6.1, 6.2, 7.1）
　吉田　重和　　新潟医療福祉大学（2.1, 2.2）
　青木　研作　　東京成徳大学（2.3）
　槇　　誠司　　東京情報大学（2.4）
　栗原　麗羅　　東京医療保健大学（2.5）
　福嶋　尚子　　千葉工業大学（3.4～3.6）
　佐藤　裕紀　　新潟医療福祉大学（3.8）
　大川なつか　　湘北短期大学（4.1, 4.2）
　高橋　洋行　　立正大学（4.3, 4.4）
　平田　文子　　埼玉工業大学（4.5, 6.3）
　宮本　浩紀　　茨城大学（4.6, 4.7, 4.9）
　福田　真一　　東北文教大学（5.1～5.3）
　重　　歩美　　千葉工業大学（5.4）
　呉地　初美　　元千葉工業大学（非常勤講師）（6.4, 6.5）
　京免　徹雄　　筑波大学（6.6）
　三村　尚央　　千葉工業大学（7.2-1）
　木島　　愛　　千葉工業大学（7.2-2）
　引原　有輝　　千葉工業大学（7.3-1）
　小林　　学　　千葉工業大学（7.3-2）
　小室由佳子　　東京都江東区立深川小学校（8.1）
　加藤　入馬　　東京都杉並区立松溪中学校（8.2）
　中村　美咲　　千葉県立東総工業高等学校（8.3）

（執筆順，＊印は編者）
（所属表記は 2023 年 10 月時点）

まえがき

　教師（教員）というのは誰にとっても非常に身近な職業である。自分が児童・生徒・学生であるならばとくにそうであり，ことによっては自身の親の職業よりも間近に見ていることだろう。そのような中で「教師になりたい」という思いを抱くのは，学校が嫌いでなければ，かなり自然なことでもある。大学の教職課程の学生に聞くと，多くは「児童・生徒時代によい先生に出会ったので」といった動機を語る。中には逆に「とんでもない，ひどい教師に出会った。私がちゃんとした教師になってやりたい」「教師という仕事がどういうものなのか，内側から知りたい」といった出発点を語る者もある。たいていの進路は，学ぶうちにそういう道があることを知ったとか，ボランティアやインターンシップを経験して関心を強めた，就職活動の中で初めて企業名を心得た，というような出会いなのであろうが，教師に関してはほぼ100％が自身の主観的な経験から出発する。そうした特殊性について，まずは思いをいたしてほしい。

　実際の教師の任務は多岐にわたる。「教育」に専門職として携わるのが教師の本務であるが，その「教育」ということ自体が多様で，深くて，複雑で，よく見えない部分を多く含むものである。児童・生徒の目線からは見えない部分のほうが圧倒的に多い。「教育」というのは，「授業」で教科などを教えること，学級担任をすること，部活動の指導にあたること，だけではない。児童・生徒にはおなじみのそれらの行為も，歴史や哲学，法令や専門技術に支えられた，きわめてプロフェッショナルなものである。したがって将来の職業として教師をめざす際には，専門職，プロフェッショナルとして耐えうる知識・技術・職業倫理などを身につけなければならない。児童・生徒としての主観・経験から導き出した教師像はいったん脇に置いて，それらを学ばなければならないのである。

　日本国憲法は職業選択の自由を保障しているが，資格や免許の取得，試験の合格などを経なければ就けない職業も中にはある。教師という職業がその一つであることはよく知られるとおりである。日本では，第二次世界大戦後一貫して大学（短期大学を含む）の卒業が教員免許状取得の前提となっていて，教師をめざすならば大学に入学し，法令で定められた科目等を学んで単位を修得し，最終的に卒業しなければならない。本書を手にした人の多くは教職課程で学ぶ大学生であると思われるが，これから大学に進んで教師をめざすという高校生が読んでくれているのであれば，非常に重要なことをあらかじめ知っておいてほしい。教員免許状はどの大学，どの学部・学科でも取得できるのではない。教育職員免許法という法律やその関連法規に沿って実施される国の審査で適格とされた大学（学部・学科）だけが教員免許状取得のためのコース（教職課程）を設置することができる。免許状の学校種，教科などについても細かい定めがある。たとえばA大学の工学部では高校理科の免許状を取得できるがB大学の工学部は似たような構成なのに取得できない，というようなことがある。教師

をめざすのであれば，学校種や教科はとても大事な部分であるだろうから，事前に大学案内などで調べておくことを勧める。

　冒頭で述べたように教師というのはきわめて身近な職業なのだが，そこにいたるまでにどのようなプロセスがあるか——言い換えれば，何をどうすれば教師になることができるのかということに関しては，あいまいにしか理解されていない面もある。大学の教職課程で学んで得られるのは教員免許状である。これは教師になるための大前提であるが，免許状の保持イコール教師というわけではない。大半の職業と同じように，そこには就職（見方を変えれば「採用」）のプロセスが別にある。公立学校の場合には都道府県や政令市などの教員採用試験を受験し，合格することが必要である。学校法人（私立学校）の採用は，一般公募，大学への求人，私学団体を通じた選抜などいろいろな方式がある。教職課程での学びとそれら就職のためのプロセスが連動することはいうまでもない。

　本書は教職課程での学びの全体の見取り図を意識して編集した。教師をめざす第一歩のための学びだと考えてほしい。「第一歩からこんなに学ばなければならないの？」と思った人には，そのとおりです，これを足場にしてどんどん深め，広げていってくださいとお答えする。ただ，「知識を覚える（暗記する）」などという学び方はいったん忘れてほしい。試験のために覚えたものは試験後に忘れるし，思考や探究を伴わない学びは大学生のするべきものではないからである。いや本来は小学校・中学校・高等学校の学びもそうである。その指導にあたる教師をめざすのであれば，当人がそのような「浅い」学びにとどまっていてはならない。教育者は，自分が学んだようにしか教えられない。この「学んだようにしか」というのは児童・生徒としての学びのことではない。大学生として，そしてプロになってからの学びのことを言っている。高校で学んだことを学んだように高校教員になって教えてよいのであれば高卒者に教師になる資格があるということになってしまう。なぜ大学での学びが教員免許状取得の前提なのか，根本を考えておきたい。自分が浅い学び，試験用の暗記，試験に出そうなところだけつまんで読むような作業しかしていないのであれば，将来の生徒にもそうした学びを押しつけて疑問に思わなくなる。

　教職科目としての教育原理（教育原論，教育基礎論など大学によって科目名が変わる）は，教育の理念・歴史・思想を中心に学ぶものである（教育職員免許法施行規則6条）。本書の第3章・第4章が直接的にその内容となる。しかし理念・歴史・思想はそれ単独であるものではなく，実際の教育に直接・間接にかかわって存在する。また教育の制度や教育課程，教育内容・方法といったことも，理念・歴史・思想の反映として存在するものである。児童・生徒という教育の「対象」についての理解も欠かせない。これも自身の子ども時代を思い出したところで専門職としての見識には結びつかないのである。教育制度，教育課程，教育内容・方法，子どもの発達とその支援などについては，それぞれの教職科目においてさらに専門的に深められるものであるが，本書では，第3章・第4章をコアにして，それらの周辺に第2章・第5章・第6章の内容を配置し，教育の全体像を示せるように努めている。それぞれの内容は入門とはいっても専門的なものであり，多岐にわたっていてつながりを感じにくいものでもあるため，読者はしばしば第1章に戻って，現代の教師をめざす立場で教育の全体像

をどのように捉えていくべきかという問題意識をそのつど思い起こしてほしいと考えている。本書の姉妹書（「やさしく学ぶ教職課程」シリーズの各書）もぜひ併せて読んで，学びを深めてほしい。

　本書の各章は，教育学および隣接各分野の専門家が，それぞれの高い専門性を発揮しながらも，初学者でも「やさしく」学べるような筆致で記したものである。執筆者の方々の熱意と配慮に心より敬意を表したい。

　本シリーズは，関東地区私立大学教職課程研究連絡協議会の第7部会（理数系教員養成）での真摯な議論の中で起案され，版元の一方ならぬお力添えによって実現をみたものである。第7部会の関係者の皆様に感謝申し上げる。学文社編集部の落合絵理さんには，企画以来の諸作業において格別なご尽力をいただいた。その誠実で手堅いご支援によって本書が上梓されることになったのは編者としても無上の喜びである。記して感謝申し上げます。

　　2020年2月

編者　古賀　毅

目　　次

社会変動の中の教育

　世界と人類はいま大きな社会変動の渦中にある。現在の「正解」が10年後にもそのまま通用するかどうか怪しい中で，未来の人と社会をつくる教育はどうあればよいのだろうか。社会変動そのものの様態を俯瞰的に捉え，人間のありよう（変わらぬ部分と変わる部分）を理解し，双方を教育や学びというコンセプトで結びつけて思考する。そのためのヒントを記した。本書を最後まで読んだら，ぜひまた第1章に戻ってきてほしい。

IT化と教育⑴：学びのプロセスと手段が変わる

1．社会変化を見る眼—教育者をめざす立場から

　本章で取り上げる社会変化——その規模や影響の大きさから，地殻変動になぞらえて社会変動と呼んでもよい——は，その渦中にいると全体像を捉えにくく，考察の対象にしにくいものである。また，えてしてそのプラス面を好意的に受け取ろうとするあまり，マイナス面を軽視ないし無視しがちでもある。大規模かつ急速な社会変化は，世代ごとの価値観や生活様式の変化のみならず，教育課題の動揺や困難化にもつながる。

　いま教師をめざしている若い読者は，自身が生徒と近い年代であるため彼らに寄り添って教育（学習）課題を考えることは容易だと信じているかもしれない。だが，この準備期間にこそ社会と教育のあり方を適切に捉える——まえがきで述べたように，自己の主観や経験に基づくのではなく，真摯な学びを通じて専門的に考察する——知的作業を十分にしておいてほしい。自分たちが年齢を重ねて生徒との世代差が開くだけでなく，社会そのもの，教育課題そのものが主観などでは捉えられなくなるほど変化するまでに，さほど時間はかからないのである。

2．進行するIT化

　IT化という言葉が一般に広まったのは1990年代半ば以降，すなわちインターネットの普及・定着に伴うものである。それ以降に育った世代にとっては「化」でもなんでもなく，かえってそのインパクトを実感しにくいかもしれない。ここでは，情報技術（Information Technology）の進展に伴い，情報通信機器や情報通信ネットワークが量的に普及・拡大し，同時にそれが人間や社会の側に質的な変化をもたらしていること，と説明しておきたい。量的な変化については各種データで容易に検証できるが，質的な変化を考察するのは案外難しい。図書館に行って，過去30年ほどのIT化，情報化に関する書籍を探し出し，年代ごとにどのような変化や課題が指摘されていたのかを整理することを勧める。そうした歴史的考察は，自身が置かれている状況やその先の変化をある程度客観的に考えられるようにするための近道である。

3．学校教育のIT化は容易に進行しない

　ただ，社会におけるIT化の進展に比べて，教科学習をはじめとする学校の様子は，なかなか変化しなかった。明治以来の黒板とチョーク，紙の教科書とノートといった組み合わせはいまも相対化されているとはいいが

たい。長方形の教室で，黒板に向かって全員が同じ向きで着座するというスタイル（いわゆる「一斉教授法」）は，近代公教育が形成された当時の教育課題に即して考案され，定着したものであるが*1，それを上書きできるようなスタイルはなお創出されていない。教科書などの電子化という提案に対しても，根強い反対論，「紙の教科書」への執着がみられる。

　そのように，ICT（情報通信技術）の導入は学校教育の真ん中ではなく，周縁部から始まっている。PC 室の活用はすでに定着しているし，電子黒板や電子教材，自治体や民間業者の提供するシステムを通じた学習活動も，2010 年代にはかなり進展をみた。今後は「真ん中」の部分がどのように変化するのか，あるいはしないのかが焦点となるだろう。

*1　「国民」の創出・育成と，それに向けた基礎的能力の共有を図るためには，国家（公権力）を背景とした教師ひとりが立ち，児童・生徒が教師の発する内容を受容するというスタイルが好ましかったのである。3.2 を参照。

4．IT 世代の教育

　2020 年代の児童・生徒は IT 化以後の生まれであり，機器やシステムと当たり前に接して育ってきた。「それ以外」のメディアをあまり知らない世代でもある。彼らにとってなじみ深い手段を学習活動に取り入れるのは当然のことである。また，印刷物では量と質の両面で情報量の限られるものを図像や動画などで示すことで，大きな効果を得られることも期待される。学校教育は，IT 化の初期から PC の活用に注力してきたが，携帯電話（当初のフィーチャーフォンからスマートフォンに主力が推移している）こそが児童・生徒の関心事であり主要なツールであるのに，しばしばこれを規制の対象として敵視？し，機器そのものを用いた指導に目を向けてこなかった。現在のスマートフォンはやがて次世代の何かに代わられると考えられるが，その意義や危うさを学ばせるのは「生徒指導」だけでなく「教科指導」の場でもあるべきである。教師や，それをめざす人たちが，ユーザー的な視線を脱して状況や課題を公正に学び，指導に対する基本的な構えを身につけるべきであることはいうまでもない*2。

*2　教師やそれをめざす学生も一消費者であるから，IT 化の恩恵を日常的に受けていることだろう。安易，無批判に使用していないか，主体性を失っていないかといった自省がなければ，児童・生徒への指導はおぼつかなくなる。

5．ICT 導入について考えておきたいこと

　本稿では，ICT の全面的な導入を無批判に受け入れるべきだと主張しているわけではない。社会状況に見合わぬその軽視・無視は，学校教育と現実社会との乖離を招き，前者への信頼を揺るがしかねないと危惧しているのである。ただし深く注意しておきたい点がある。紙の新聞とネットニュースとで，記事の拾い方や認知・整理の仕方などに大きな相違があるのは周知のとおりであるが，黒板や教科書を用いた授業と ICT 中心の授業でも同種の違いが生じる。ICT 活用が，従来型の学習・指導をただデジタルに置き換えるだけのものになってはならず，教育内容や学習プロセスそのものの再構成を不可避にしていることは間違いない。　　　[古賀　毅]

IT化と教育(2)：児童・生徒が変わる

1. インターネットが学校教育を相対化する

　現代人の多くは**スマートフォン**を手放せない。PCと異なり，スマホはオフラインで使用されることがほぼ想定されないので，私たちはインターネットという巨大な網に始終捕捉されているともいえる。仮に学校内でのスマホの使用が認められなかったとして，登校から下校まで7～9時間ほどだろうか。逆にいえば，それ以外の時間は——ことによっては就寝中でさえも？——インターネットの強い影響下にある。

*1　3.2, 3.5 を参照。

　近代公教育が始動したころ[*1]，小さなコミュニティの中で生活していた子どもたちにとって，学校や教師が提供する知識や情報は新鮮で，量的にも質的にも他の情報源や自己の経験を圧倒していた。だが現代にあっては，インターネットが主力情報源の座を奪い取っており，児童・生徒の信頼する先がそちらに向いたとしても不思議ではない。学校教育と社会の実態の乖離が，「学校が教えてくれないこと」の情報入手においてインターネットへの依存を強め，それはやがて「学校が教えてくれるはずのこと」についても機能しはじめる。もちろん情報の質の違いや，児童・生徒が心得るべきプロセスの経験（結果や正解だけをただちに導くのではなく）がショートするという悪弊は指摘できるのだが，何が適切であるかというメッセージを彼らに届けるのはもはや容易ではない。

2. IT化と生徒指導の揺らぎ

　携帯端末を用いた通信が中高生の間で一般化した1990年代半ばから2000年代にかけて，最初に問題になったのは教科学習ではなく生徒指導の場面であった。通信の変化がいじめの悪質化や構造化の主因になったのである。つづいて2000年代を迎えるころ携帯端末は「電話」という役割を超えて多機能化しはじめ，児童・生徒はメールのやり取りや文字情報の取得に時間を費やすようになった。2010年代に入るころスマートフォンが登場し，PCでなければ得られなかったような情報の質・量が，移動しながら手に入るようになった。**ソーシャル・ネットワーキング・サービス（SNS）**も主役となるシステムを替えつつ，彼らの生活（というより成長過程）の中に入り込んでいく。「知らない人とつながるのは危ないですよ」と注意喚起していた時期から数年をおかずに，SNS上（のみ）でのコミュニティに属して発信・受信するのが当たり前の状況となった。とくに青年期の生徒にとっては，その発達段階が強く求める「話の聞き手」「支え」を，リアルなコミュニティとは別次元のところに探すことが可能になった（もち

ろんマイナス面だけとはいえない）。生徒の視野や行動範囲が「バーチャル化」するとき，従来型の生徒指導は切り口すら見出せなくなっていく。

　児童・生徒は，よくも悪くもインターネットとともに在る。生まれたときから IT 環境に囲まれた世代をディジタル・ネイティヴと呼んだが，それも当たり前すぎて指摘されなくなってきた。小学校低学年児童でも，日常的にインターネットを利用する。子どもにとっての優先順位がテレビに迫るか，それ以上のものになりつつある[*2]。前節では，発達した情報通信機器やネットワークを教育に活用するという視点に立って論じたが，本節の内容に照らせば，それらは教育の手段というだけではなく，教育の目的あるいは内容そのものであり，指導対象であるはずの児童・生徒の「身体の一部」なのかもしれないということになる。

3．学校と教師の新たな優位性とは？

　2016 年の法改正に伴う教員養成の新たなカリキュラムでは各教科の指導法（「国語科教育法」など）に情報通信機器の活用を組み込むことが義務づけられた。児童・生徒の生活，そして社会のあらゆる部分にそれらが入り込んでいることを考えれば当然のことであろう。筆者は，ICT 活用が教科教育法の学びの本体になるとは考えないが，さりとて「ほんの一部」であってはならないと考えている。「ICT に詳しい先生が一括してどこかで指導してくれないかな」ではなく，すべての学校種・教科において取り組むべき課題ではないかと考える。

　さて IT 化が指摘されるようになって 30 年近く，機器やシステム，ネットワークなどにおいては，教師よりも児童・生徒のほうが，操作や新機能の習得にたけており，指導が後追いとなりがちで，教師が会得したころにはとっくに別の機器やシステムに代わっているという困難さが指摘されてきた。今後もそうした困難はつづくであろう。教師があらゆる「知識」を心得ていて，それを児童・生徒に「教える」のだという発想が通じないことは明らかである。であるならば，教師やおとなの側に担保されるべき優位性は，人間や社会の中に ICT やインターネットを位置づけ，児童・生徒自身を位置づける視点を提供し，状況が変化しても有効な見方や構えを獲得させうるという点になるだろう。その際に「人間」「社会」「ICT やインターネット」の全方向についての深い見識と洞察力が要求されることはいうまでもない。教師をめざす人自身が ICT やインターネットにはまり込んで，ユーザー目線を離れられないのは，その点でもかなり危ういことなのだと知っておきたい。

　　　　　　　　　　　　　　　　　　　　　　　　　　　　　　［古賀　毅］

*2　国の調査によれば，7 歳児童のインターネット利用率は 68.9％，12 歳で 92.8％であり，高校生年代でほぼ 100％に達する。また 1 日あたりの平均利用時間は，小学生 118.2 分，中学生 163.9 分，高校生 217.2 分である。高校の授業が 50 分×6 コマだとすると 300 分であるから，生徒によってはそれをかなり上回る時間インターネットと接していることになる。（平成 30 年度 青少年のインターネット利用環境実態調査（内閣府）による。）

1.3 少子高齢化と教育

1．人口バランスの変化

　少子化という用語は，出生数の減少，出生率の低下，人口に占める子どもの割合の低下のいずれを指すこともある。ただし高齢化とセットでいわれる際には，一定の広がりをもつ社会（国家・地域・共同体）において子どもの割合が低下し，高齢者の割合が大きくなる現象を意味する。少子化の原因・背景には，医療技術の進展や衛生状況の好転がもたらした乳幼児死亡率の低下が，「たくさん子どもを産んでおかなければ」という考え方を薄めたことが挙げられる。また，家族観の転換や多様化も大きい。「子どもを産む」こと自体が，もはや生産とか家計の維持といった経済的な面に集約されるのではなく，愛情の相互付与，「家族で楽しい時間を過ごす」といった情緒的な面にも広がっている。近代化，都市化，そして所得水準の上昇がそうした変化をもたらした。就学期間の長期化（＝高学歴化）は，男女ともに結婚時期を遅らせ，第一子出産のタイミングも必然的に遅くなり，さらには一組の夫婦が最終的にもつ子の数を少なくしている。

　これに対して，医療技術の進展や栄養状態の改善，社会保障の整備などを背景とする長寿化は，多くの人に長い「老後」をもたらしている。相対的に子どもの数が減り，高齢者の数が減らないのであれば，世代別の人口構成に大きな変化が生じるのは当然であろう。先進国ではたいてい少子高齢化が進行するのだが，日本の場合はそれが急速に進んだ点に特徴があるとされる。現在，総人口に占める高齢者（満65歳以上）の割合は28％を超えている。国は，今後の約半世紀間で40％近くに達するという想定を発表している（内閣府 2019：2-4）。

2．少子高齢化がもたらす教育環境の変化

　社会変化としての**少子高齢化**は，その中で生まれ育つ子どもたちの教育にも大きなインパクトを与える。少子化は，家族内でともに過ごすきょうだいの数の減少を意味し，地域社会や学校でともに学び，遊ぶ同世代の子どもの数の減少をも意味する。子ども同士の遊びや学び合い，葛藤などが社会化（socialization）だけでなく教科的な知識やスキルの獲得につながっていくことが多いことを考えれば，家庭や地域社会で学ぶ機会が少なくなり，それだけ学校教育（それも正規の教育課程）に負う部分が相対的に多くなる。ともに過ごす「なかま」の母数自体が減ることで，多様性が失われ，自身の主観的経験や価値観の外側にいる「他者」への理解や，さまざまな人たちとの共存・共生への気づきという面で大きな問題を生じることにな

る。もとより時代や状況を選んで生まれてきたわけではない子どもたち自身に責任があるわけではなく，そうした社会変化を踏まえて，教育課題を再設定しなければならないのである。「昔はこうだったので，そういうふうにすれば（戻せば）うまくゆく」といった安易な発想にしがみつくことなく，教育者が社会の実情とそこにおける子どもの状況を冷静に認識し，眼前にいる子どもたちの観察と合わせて，リアルな教育課題を考えていくことが重要なのだといえる。

3．「私たちの社会」としての高齢社会を見据えて

　少子高齢化という社会変化そのものに児童・生徒の目を向けさせ，それにかかわる体系的な知識を獲得させ，そうした社会そのものを俯瞰したうえで論理的に思考し，行動できるように，社会を担う次世代の育成という観点も重要になるだろう。公職選挙法改正により満 18 歳からの投票が可能になって，高校生など若い世代の政治参加というテーマはかなり議論されるようになった。ただ，現在の制度では満 20 歳になれば国民年金の保険料負担が始まり，税の負担という点では消費税などを通じて幼少期よりその担い手になっているのに，そういう視点での社会参加については関心が高くない。社会保障というテーマに対する若い世代の関心が弱いのは，制度が複雑であることに加えて，負担と給付，世代間の支え合いという発想をもちにくいこと，元気で健康な自身の状態に不安を抱く機会が少ないこと，長寿化のゆえに「高齢者」が自身とは異質な，遠くの存在に感じられること，などが原因ではないだろうか。

　「お年寄りには親切にしましょうね」といった心がけの共有が大切なのはいうまでもないが，小学校の，それも中学年くらいまでのそうしたテーマからいつまでも抜けきれない現状がある。教科専門性の強まる中学校・高等学校では，それぞれの教科等から少子高齢化にアプローチし，論理的，科学的，そして社会的な見方の獲得を促さなければならない。道徳や社会科の果たす役割は重要であるが，理科，保健体育，家庭科などにおいても問題意識を共有すべきであろう。その際に，カリキュラム・マネジメントの考え方を組み込んで[1]，たとえば総合的な学習（探究）の時間を足場にした学びの立体化を図ることを積極的に考えたい[2]。

　児童・生徒からすれば高齢者は「異質な他者」に思えるのかもしれない。いつか自分がその立場になるという考えに立つのは容易ではない。しかしそれは明瞭な事実である。児童・生徒にとって高齢者というのは「未来の自分」であり，そうであるならば高齢社会とは「私たちの社会」にほかならないのである。

[古賀　毅]

[1]　p.90 を参照。
[2]　第 7 章を参照。

1.4 科学の高度化と教育

1. 科学が支える現代社会

　人類史上の近代・現代は科学（サイエンス）の時代である。産業革命と前後して，科学が産業や生活にかかわる技術（テクノロジー）と結びついたとき，各国は科学力＝国力（経済・軍事）であると確信し，国民にその素養を身につけさせる必要性を悟った。それ以前にも，社会生活や身の回りの経験の中で科学知のようなものを心得ることはあったが，近代的な意味での**科学技術**を支えるものとしてはまったく不十分であった。大半の人々は，学校教育を通して科学を知り，科学的な考え方を取り込んでいくことになったのである。やがて就学期間が伸びて中等教育への進学が一般化したのに伴い，科学の学習もより高度なレベルになった[*1]。一部の人たちは高等教育でさらに高水準の教育を受けて，いわゆる理系人材として産業界など各界に送り出されていく。

　身の回りのものについて考えてみよう。どこに科学の知識が活かされているだろうか？——というのは，理科などの学習の導入としてよくある問いである。「どこに」という問いが陳腐に聞こえるほど，現代社会は科学に支えられ，科学知によって構成されている。だが，初等・中等教育レベルの科学の知見があるくらいでは読み解けない，想像することも難しいような技術や製品が圧倒的に多くなった。もはや専門家でなければ知りえないような技術に囲まれているのである。私たちが便利，快適などというとき，それを支える原理やしくみには，もはや思考が及びにくくなっているのではないか。生活や社会の**ブラックボックス化**というのはそうした事態を指す語である。現代人が依存しがちなスマートフォンのしくみを説明できるユーザーは少ないし，直接体内に入れる食品や薬品が何でできているかも大半の人は知らないという，かなり危ういことにもなっている。

2. 超・高度化する科学と，追いつけない教育

　今日，消費者が直接目にするような技術や製品，衣食住にかかわるようなものはもちろんであるが，生産技術はさらに高度化している。コンピュータが社会のあらゆる場所で稼働するようになった 1980 年代以降は，情報科学の進展が著しい。また一般には文系とみなされる企業経営や金融・サービスなどのしくみも工学的なアプローチによってシステムが構築されるようになり，まさに社会全般が高度な科学知の構築物のようになってきた。近年では「生命」という根源的な部分を対象とする科学・技術の進展が著しく，食料などの生産技術としてはもちろんであるが，医療

*1　ここでは教科としての理科にとどまらず，数学を含め，科学・技術を支えるあらゆる学習内容を想定している。科学系の教科区分は国や時代，学校種によっても変動する。

技術に応用され，人間の生死に直接かかわる場面が多くなっている。

　各分野の高度化――超・高度化といってよい――は，それを支える専門的人材を必要とするため，大学などの高等教育機関では，研究と人材育成を結びつけたシステムを早くから採ってきた。だが高度化は専門分野の細分化にもつながる。高度な知見をもちながら隣の分野に無知，無頓着という事態（「タコツボ化」と揶揄されることがある）も深刻になった。現在では新たな想像（創造）力のために領域横断的な知のあり方が模索され，文系分野も含めた多元的思考の可能性が求められるようにもなっている。

　ただ，どれだけの人が「高度な知見」にまで到達しうるのだろうか。いかに就学期間が伸びたとしても，児童・生徒の学習時間や学習機会が劇的に増えることはない。科学・技術が進展すればするほど，児童・生徒の学びの水準との間に大きな乖離が生じてしまうことになる。総じて，学校教育の変化のスピードは科学のそれに追いつけないままである。

3．科学がもたらす事態に向き合う教育

　こうした事態を 2 つの側面から捉えることができる。一つは，科学力＝国力であるという近代的な前提に立って，新たな技術の開発やその実用，メンテナンス，サポートなどにかかわる専門人材の教育を充実させるということである。いま一つは，科学・技術に囲まれ支えられて生きる現代人の科学的リテラシーを高めることである。前者に目を向ければ，たとえば理系の生徒をより分けてレベルごとに専門的な教育を施し，各人に見合った専門知をつけさせるとともに，とくにトップ層には別格に優れた内容を学ばせるといった考え方になる。後者を重視すれば，すべての児童・生徒の平均的な科学的思考力を高めるための施策を求めることになる。実態はともかく観念的には「みんな同等」という建前で営まれてきた初等・中等教育は，その点で岐路に立たされているのかもしれない。

　他方で，現代に生まれた子どもたちは，科学・技術の成果を当たり前のように感じて育ち，その原理やしくみに関心を抱くことが少なくなっている。いや，関心の抱きようがもはやないのかもしれない。200 年前のペスタロッチは子どもたちを集団生活の中で教育して「生活が陶冶*2 する」との言を遺したが*3，現代の状況はおよそ「生活が陶冶しない」のである。小学生がいきなり高度な科学を学ぶのはもちろん不可能だが，学びの出発点にしてからがブラックボックスの中にあり，何のために学ぶのかという部分を最初から共有しにくくなっているのである。

　理系の専門家が「科学がもたらした社会の困難を解決するのもまた科学」ということがある。学校教育のほうは，自らの使命としてそのことに寄与できるのだろうか。

［古賀　毅］

*2　**陶冶**：ドイツ語の Bildung の訳語。漢字の陶は土をこねて器をつくること，冶は金属をきたえて刃物や鍋などをつくること。素材にはたらきかけることで有用なものを形成するというニュアンスが含まれ，教育を通じて人間形成することを意味する。p.74 を参照のこと。

*3　p.55 を参照。

1.5 グローバル化と教育

1．グローバル化は「よい変化」ではない

　ここまで本章では IT 化や少子高齢化といった社会変化を取り上げてきた。**グローバル化** (globalization) もまた現代の社会変化として言及を欠かすことのできないものであるが，前二者に比べると，その意味まで適切に理解されていない部分がある。これは，事象が可視的とはいいがたいことに加え，グローバルという語 (地球を表す globe に基づく) 自体が，グローバル化という表現によって初めて一般的になったという事情があるのではないか。高校や大学の授業でグローバル化を取り上げると，「グローバル化は〈よい変化〉だと思っていました」「グローバル化にマイナスの面があるなんて初めて知りました」といった反応が思いのほか多い。生徒・学生の思考が IT 化に絡めとられていて言葉の意味を表層でしか理解できなくなっている，あるいは彼らに接している教師や親などのおとなたちがグローバル化を真にわかっていない，ということなのだろうか。

制度的，社会的な　　　　　　　相対的に低まった
ボーダー　　　　　　　　　　　ボーダー

グローバル化の主たる要素,ボーダーレス化のイメージ[*1]

　人・商品 (有形・無形)・資本・技術・情報・文化などが，相対的に低まった国境を容易に越えて超国家的な広がりで往来するようになる，という地球規模での変化を，グローバル化という。この面に注目するとき，東西冷戦終結後の 1990 年代以降の事象を指すことが多い。それ以前には地球上の秩序の堅固な区切りであったボーダー (国境) が相対的に低まる。関税の廃止や出入国審査の簡易化といった制度面での変化に加えて，航空や高速鉄道の発達による時間的距離の短縮，IT 化の進展に伴う情報の世界的共有やコミュニケーションの易化，また大量の情報を得ることによる心理的なボーダーの低まりということも背景として挙げられる。

　グローバル化は「よい変化」でも「悪い変化」でもなく，ただの「変化」である。ボーダーレスにさまざまなものが往来するからこそ家計や精神が豊かになる人もあれば，逆にそのせいで貧しくなる人もある。国境の向こう側で活躍するチャンスが私たちに増えるとするならば，それは海外から来た人に国内での雇用機会を奪われることをも意味する。インターネットで全世界と終始つながることができるから便利で，愉しくもあるが，悪質な情報やマルウェアも地球規模で共有されることになる。

2．教師の側のグローバル・シフト

　おとながグローバル化を十分にわかっていないのでは，という懸念を先に示した。少なくとも教師は，そして学校教育は，グローバル化について多面的に学ばせ，事象に関する知識や考え方を共有させる責任を負っている。それは，しばしば誤解されるような，「外国について学ぶ」「外国語を学ぶ」という方向に矮小化されるものではない。日本の（世界の）どの地域にいても，仮にそこから動かないとしても，グローバル化の渦から逃れることはできない。今後はますますその傾向が強まるであろう。学びの対象は「外（外国）」ではなく「自分たちの社会（世界）」なのである[2]。

　とはいえグローバル化する世界はあまりに広く，捉えにくい対象でもある。各教科，道徳，総合的な学習（探究）の時間などそれぞれの専門的あるいは教育的な観点から，児童・生徒の発達段階に即した切り口を見つけて単元や教材を構築していくべきであろう。状況や情勢は刻々と変化するため，授業構成の使いまわしも難しい。教師の側が絶えずアップデートを図っていかなければならない。ただ「学校の先生」というのは他の職業以上に「国内」の「制度」の内側に固着しがちな立場でもある。生徒に「グローバルの時代だから，グローバル人材をめざせよ」と言う本人が誰よりもドメスティックである，というのでは冗談にもならない。

3．学びの転換の契機としてのグローバル化

　近代公教育は，農村などのコミュニティに閉じて生活していた人々に知識を与え，ナショナルな（国家的次元の）知識や思考，態度を身につけさせるものであった。グローバル化時代の教育では，それに加えてグローバルな（地球規模の）知識や思考，態度の育成が要請される[3]。自分たちの従来からの文化や伝統を適切に継承しつつも，文化の異なる人たちとの協働やコミュニケーションを円滑に行えるような能力が求められることになる。その努力は「外国人対策」にのみ向けられるのではなく，それまで均質に見えていた「私たち」の内側の多様性にも目を向けさせるものになりうる。たとえば小・中学校の学習では，以前から公共施設や列車内の外国語案内が教材化されることが多かったが，案内に対する必要度が高いのは外国人のほか，何らかの障がいのある人，おとなの言葉遣いを十分に獲得できていない子ども，そして初めてその施設や路線を利用する人も含まれるはずである。「情報弱者にやさしい案内」という視点に立った思考は，「誰にとっても親切な案内」というレベルに昇華することができる。グローバル化を「よい変化だ」と浅く捉えたまま指導する一方で，どこかで黒船や伝染病のような外来の脅威であるように，それを怖がりながら児童・生徒に向き合っていないかどうか，自省してみたいところである。グローバル化はたしかにとてつもない変化であるが，教育や学びの本質を想起させ，そ

[2]　したがって「グローバル化にかかわる学び」の任務を負うのが社会・地理歴史・公民・外国語（英語）の教員である，と考えるのは重大な誤りであり思考のショートである。教える側のショートはたちまち学ぶ側にも同期されうる。

[3]　3.2 および 3.7 を参照。

の適切な実践へと教師を謙虚にさせる契機であるのかもしれない。

4．複数形の学びに向けて

　外国を訪れたとき，あるいは国内で外国人と接したときに感じる「通じなさ」は，言語はもちろんであるが，作法や行動様式あるいは思考様式といった manner 全般に及ぶ。自分たちのエリアでは正解であることも，別のエリアでは間違いないし不作法になりうるのである。そこで，学びの課題としては，双方の，あるいは多様な文化を学んでそれらの違いや個々の作法を心得るということもあるのだが，むしろそうした相対性や多様性そのものを理解し，構造的に自身の中に落とし込むことがめざされるべきであろう。そうであれば，別の文化と出会ったときなどの個別の事案にも対応可能な，普遍的な態度に発展させることができる。言語についても，単なる手段として知るのではなく，それをはぐくんだ地域や民族の文化的な文脈で捉える視点をもつことで，学びの動機をより深めることができるであろう。欧州共通言語参照枠 (CEFR) では，「欧州のさまざまな言語・文化の豊饒な遺産は保護され発展させられるべき価値ある共通の資源であり，その多様性は教育的努力によって，コミュニケーション上のバリアから互いを豊かにし相互理解につながる原資へと転換されなければならない」とし，異言語間のコミュニケーションや相互作用によって相互理解や協働，さらには偏見や差別の克服に向かうことが述べられる[*4]。差異や多様性をバリアと捉えるのではなく豊饒さの源だとする点が興味深い。相互の行き来が頻繁になり，インターネットを介した情報のやり取りも容易になった現在，学びを通じた「豊饒さ」の獲得の可能性はより大きくなっているのである。同時にそれは，差異や多様性を超えた共通点や普遍性を見つけることにも資する。独善的で排他的な態度は，短期的には心地よいかもしれないが，実質的な意味ではマイナスが大きい。

　従来型の試験勉強や，検索エンジンの定番化もあって，単数形の，「ただ一つの正解」を求める動きは強まっているのかもしれない。だが終わりなき社会変化の時代にあってより望まれるのは，常に複数形の解答を思考する学びと，そうした態度の獲得なのではないだろうか。　　　[古賀　毅]

＊4　欧州共通言語参照枠は欧州評議会が制定した言語学習の指針。

第2章 教育の制度

　児童・生徒・学生として教育とかかわっていると日々の学習や活動にばかり目がいくが，学校教育を成り立たせているのは法や制度である。各学校は明確な意味や目的をもって法に基づき設置される。学校内部にも校務分掌と呼ぶ組織的な活動がある。学校の教師になるということは，そうした制度・組織の一部を構成するということでもあるのだ。生徒目線からは見えにくいが，学校もまた社会的な機能・使命を帯びて活動するのだという視点で考えれば，それらの大事さが見えてくるだろう。

2.1 教育段階と学校種

1. 教育段階

　教育の制度は，対象とする教育の水準に基づき，段階的に分類することができる。これを**教育段階**といい，一般に就学前教育，初等教育，中等教育，高等教育と分類することが可能である。教育段階は，教育の制度において学校の性質を示す際の基礎的な指標であり，さまざまな国・地域の教育制度を比較・分類する際に共通して使用されている。

　就学前教育は，子どもたちの早期の発達を支援するために，家庭外の施設で教育的なはたらきかけを行う段階である。幼稚園や保育所等で行われる幼児教育段階の教育であり，乳幼児を対象とするものや，3歳以降の子どもたちを対象に学校教育の準備段階として実施されるものがある。

　初等教育は，すべての子どもたちに共通する基礎的な教育を提供する段階であり，一般に小学校教育段階の教育を指す。修業年限6年程度であり，読み・書き・計算に関する体系的な基礎学習の機会を子どもたちに提供している。また初等教育は，義務教育の開始段階であることが多い。

　中等教育は，主に細分化された教科の授業を通して，子どもたちが生涯学習の基盤となる学力を修得する段階である。中学校・高等学校教育段階にあたるが，中学校を前期中等教育，高等学校を後期中等教育と分けて表すこともある。修業年限は3年から6年程度におよび，多くの国で義務教育の最終段階にあたっている。

　高等教育は，中等教育の上位に設置された専門性の高い教育段階である。修業年限は一般に2年以上であるが，国や分野により多様である。高等教育は科学的研究を中心とする大学教育段階であるが，先進的な職業教育や教師を含む専門職養成などが行われていることもある。

2. 学校種

　教育の制度が成立している場合，通常，各教育段階には1種類以上の学校が含まれる。教育の制度において，ある基準を基に分類された学校群を**学校種**という。現代の日本においては，学校教育法第1条に定められた学校であるかどうかを基準として，学校種を挙げることが多い。この基準によれば，幼稚園，小学校，中学校，義務教育学校，高等学校，中等教育学校，特別支援学校，大学，高等専門学校の9つの学校種が現代の日本に存在していることになる。これらの学校種は，分類時の基準に基づき「1条校」と呼ばれている。

　2019年時点で，日本全国に幼稚園は1万69園，幼保連携型認定こ

ども園は 5,276 園，小学校は 1 万
9,738 校，中学校は 1 万 222 校，
義務教育学校は 94 校，高等学校は
4,887 校，中等教育学校は 54 校，
特別支援学校は 1,146 校，大学（短
期大学含む）は 1,112 校，高等専門
学校は 57 校ある。このうち少子化
に伴う学校統廃合により，幼稚園，
小学校，中学校，高等学校の数は近
年一貫して減少し続けている。その
一方で，大学設置基準の規制緩和な
どの影響により，大学の数は微増し
ている状況である。また，義務教育
学校や中等教育学校などの一貫教
育を行う学校種や，特別支援教育に
おいて中心的な役割を果たす特別
支援学校も増加傾向にある。

　各学校種には，教育に関する法令
により，それぞれ教育の目的や目標
が規定されている。たとえば小学校
および中学校には，義務教育として
行われる普通教育の目的として，教
育基本法第 5 条に「各個人の有す
る能力を伸ばしつつ社会において自立的に生きる基礎を培い，また，国家
及び社会の形成者として必要とされる基本的な資質を養うこと」が掲げら
れている。またこれらの目的を実現するために，学校教育法第 21 条には，
義務教育の目標が 10 項目にわたり規定されている。

　学校種間の上下の関係性は接続という用語で表現される。子どもたちの
成長・発達過程の連続性に対応した教育を行うためには，学校種間の接続
が円滑に行われることが求められる。しかしながら，**中 1 ギャップ**[*1] とい
う用語に示されているように，学校種間の接続がもたらす状況により，大
きなストレスを受ける子どもたちがいることが知られている。中 1 ギャッ
プなどの接続に伴う問題を解消するためには，進学の形態や接続の方法を
改善する必要がある。義務教育学校や中等教育学校などで実施されている
一貫教育は，接続を円滑に行うための制度的工夫として期待されている。

　図 2.1 は，現在の日本の教育制度を示したものである。本節の内容を
踏まえ，各教育段階にそれぞれどのような学校種が含まれているか，改め
て確認してほしい。　　　　　　　　　　　　　　　　　　　　［吉田重和］

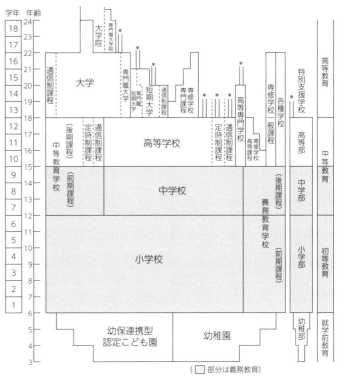

図 2.1　日本の学校制度

（注）1.　＊印は専攻科を示す。
　　　2.　高等学校，中等教育学校後期課程，大学，短期大学，特別支援学校高等
　　　　部には修行年限 1 年以上の別科を置くことができる。
　　　3.　幼保連携型認定こども園は，学校かつ児童福祉施設であり 0 ～ 2 歳児も
　　　　入園することができる。
　　　4.　専修学校の一般課程と各種学校については年齢や入学資格を一律に定め
　　　　ていない。
（出所）文部科学省「諸外国の教育統計　平成 31（2019）年版」

*1　中学校進学に伴う新しい環
境での学習や生活へ移行する段
階で，子どもたちにいじめや不登
校等の問題行動が増加するとされ
る現象。p.81 も参照のこと。

2.2 教育政策

1. 教育政策の定義と現状

　教育政策の定義は，国・地域の差異や時代的な文脈において多様であるが，一般に「公教育において教育の目的・手段・内容・方法などを実現または改変するために，公権力が表明した一連の意思や方策」と包括的に捉えることができる。またこのとき，公権力により表明されるという点を重視すれば，教育政策を「権力によって支持された教育理念」(宗像 1969：1)と定義することも依然として可能であろう。

　近年，OECD（経済協力開発機構）加盟国を中心とした先進諸国の教育政策はグローバル化しており，エビデンス（客観的な根拠）を基盤として教育の成果を向上させるための政策が主流となっている。民間企業による事業と同様に，教育政策においてもより高い効率性が追求されるとともに，その支出に見合うだけの価値を創出することが要求されているのである。

　教育政策として提示された内容等は，それが実現されると，教育に関わるすべての人々に直接的に影響を与えるという点で重要である。学校教育に関する教育政策としては，カリキュラム，教員養成，教育費，学校・学級の規模などがしばしば重要な論点として挙げられている。

2. 教育政策の主体と手順

　教育政策の主体は，公権力の保持者という観点から，政府，地方公共団体，政権与党が挙げられる。ここでは国の教育政策に焦点を当て確認する。

　国の教育政策は，通常，政権与党により構成される政府や国会議員により国会で提案され，審議に付され，最終的には法律・予算・決議をもって決定される。実質的には，文教行政の管轄省庁である文部科学省がこれらを主導することになる。

　与党を含む政党の教育政策は，選挙や国会での審議を通じて国の教育政策に影響を与える。教育政策を考察する際には，これら政党の教育政策に加え，教育政策の立案・審議・決定の過程における関係組織（たとえば文部科学大臣の諮問機関である中央教育審議会など）の構成，組織間の関係性，社会調査結果などにより作り上げられる世論，実行に移された政策内容やその影響などに着目する必要がある。

　国会により立法化・制度化された国の教育政策は，教育行政によって実行に移される。このとき，教育の具体的な目標や内容，方法に関する事項は立法対象としてなじまないとされ外されることが多いが，物的・財的・人的な教育条件の整備に関する事項は立法されることが多く，またその充

実が望まれている。

3．教育政策に関する事例

　国の教育政策とその影響について，いわゆる「ゆとり教育」に関わる事項をもとに確認する。

　1984年に当時の内閣総理大臣の諮問機関として総理府に設置された臨時教育審議会は，過剰な偏差値主義や詰め込み教育からの脱却を掲げ，「個性重視の原則」「生涯学習体系への移行」などを答申し，後のゆとり教育の根幹を作った。その後，いじめや不登校などの学校教育に関わる数々の社会問題を背景として，1996年に中央教育審議会により答申が発表される。この答申は子どもたちの生活にゆとりがないことを問題視し，社会性の不足や倫理観の欠如した子どもたちの現状を受け，全人的な「生きる力」の育成が必要であるとの認識を示していた。この「生きる力」を育成するという方向性は，用語の曖昧さに対する批判を受けながらも，「総合的な学習の時間」の創設や各教科での調べ学習の導入など，思考力をつけることをめざした学習内容として後に実現されていく。

　1998年，「ゆとり教育」をスローガンとする学習指導要領が文部科学省により発表された。子どもたちの生活にゆとりをもたらし，「生きる力」を育むことを重視したこの学習指導要領は，完全学校週5日制の実施や，学習内容や授業時間を削減する点に大きな注目が集まった。しかしながら，2002年から2003年にかけて施行されたこの学習指導要領では，学習内容や授業時間が削減される一方で，実験や観察，調査・研究・発表などの活動・内容が増やされていた。受け身の学習から，能動的・発信型の学習へと転換を図るのが「ゆとり教育」の本旨だったのである。

　従来型の学校教育に批判的であった教育界や財界の一部から支持された「ゆとり教育」であったが，2004年に発表された「生徒の学習到達度調査（PISA2003）」において日本の結果が急落していたことを契機に，学力低下を招く悪しき方向性として社会的に厳しく批判されることとなる。文部科学省はさまざまな点から「ゆとり教育」の意義や有効性をアピールしたが，「学習内容の削減に伴い学力が低下した」という認識は社会に根強く滞留した。その後もこの認識は大枠において変わらず，2008, 09年に発表され，2011年から2013年にかけて施行された学習指導要領では，学習内容や授業時間が増加し，事実上「ゆとり教育」が撤回されることとなる。そしてこの時期以降，「脱ゆとり教育」が展開されていくのである。

　この事例から，国の教育政策が，各種審議会の答申や世論の動きを受けつつ文部科学省が主導するかたちで実行されること，学習指導要領の改訂を通して，教科・科目等の新設や授業時間数の増減など，教育の現場に大きな影響を与えるものであることがわかる。　　　　　　　　［吉田重和］

教育行政の制度

1. 教育関係法の体系

(1) 教育と法規の関係性と法体系

　人類は教育を通じて社会の価値観や知識・技術を継承発展させてきたが，そこに法規の存在は必須とはされてこなかった。もちろん，掟や慣習のような強制力をもつ存在が教育を方向づけていたということはあったであろうが，家庭や地域社会の中でそれらは内面化され，外在的な強制力に頼らずとも教育が成立していた。さらにいえば，教育という営みは教育者と被教育者が存在すれば自然に成立するものであるから，本来的にいえば，教育はきわめて私的な営みであるといえよう。

　しかしながら，現代社会において，教育と教育法規は不可分の関係となっている。これは近代国家がその成立過程において教育を重視したことに端を発し，国家による教育の具体的な管理作用としての教育行政が登場することによって，その執行基準としての教育法規が必然化したためである。現代の国家は教育への関心を強めさまざまな政策を打ち出しており，それに応じて数多くの教育法規が生まれている。

　法は一般に成文法と不文法から構成されているが，日本の法体系の主要部分は成文法で構成されており，成文法主義を採用している国とされる。成文法とは，国や地方公共団体の政治・行政過程による立法手続きと形式で内容が規定され，文章化されたものであり，憲法，法律，政令，条例などがある。他方，不文法とは，成文法のような手続きと形式により制定されるものではないが，判例に規範を見出す判例法や広く社会に認知されている慣習に法的拘束力を認める慣習法などのことである。

(2) 教育関係法規

　国の最高法規である憲法には，教育条項として第 26 条があり，教育の機会均等と義務教育の理念が示されている。その他の教育に関する条文としては，学問の自由に関する第 23 条，宗教教育に言及している第 20 条などがある*1。また，複数の国家間で締結される国際的合意である条約は批准公布されると国内の法律と同様の効力をもつ。日本で批准公布されている教育に関する権利が規定された条約としては「世界人権宣言」や「児童の権利に関する条約」などがある。

　国会の議決によって成立する法規である法律には教育に関するものが多数存在するが，それを大きく分けると 5 つに区分される。第一に，教育の基本に関する法律として，**「教育基本法」** がある。教育基本法は日本国憲法の精神に則った教育の基本理念を明示するものとして 1947 年に制定

＊1　日本国憲法
第 20 条の 3　国及びその機関は，宗教教育その他いかなる宗教的活動もしてはならない。
第 23 条　学問の自由は，これを保障する。
第 26 条　すべて国民は，法律の定めるところにより，その能力に応じて，ひとしく教育を受ける権利を有する。
　2　すべて国民は，法律の定めるところにより，その保護する子女に普通教育を受けさせる義務を負ふ。義務教育は，これを無償とする。

され，2006年に全面改正が行われ
た。第二に，学校教育に関する法律
である。これは，幼稚園から大学ま
での学校制度の基準を定めた「学校
教育法」が代表的なものであるが，
その他にも「学校保健安全法」や
「学校給食法」などさまざまな法律
が設けられている。第三に，教育職
員に関する法律として，「教育職員
免許法」や「教育公務員特例法」な
どがある。第四に，教育行財政に関

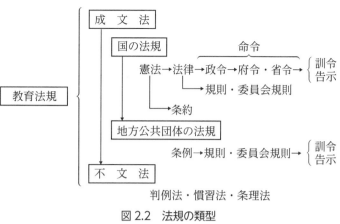

図2.2　法規の類型

（出所）高見（2019：XVII）

する法律として，「文部科学省設置
法」，「地方教育行政の組織及び運営に関する法律」（以下「地教行法」と略
記），「義務教育費国庫負担法」などがある。第五に，社会教育に関する法
律として，「社会教育法」や「図書館法」などがある。

　行政機関が制定する法規である命令には，内閣が制定する「政令」，各
省大臣が所掌する行政事務について制定する「省令」，人事委員会や会計
検査院などの行政委員会が制定する「規則」がある。教育法規には，たと
えば，学校教育法（法律）→学校教育法施行令（政令）→学校教育法施行規
則（省令）のように，法律，政令，省令の組み合わせになったものが多く
ある。また，各省大臣等がその所掌事務について広く一般に告知する場合
に発する「告示」（たとえば学習指導要領），各省大臣等が所掌事務について
所管の機関や職員について命令する「訓令」がある。

　地方公共団体の法規としては，普通地方公共団体である都道府県・市町
村が自治権に基づき国の法規に違反しない限度でその議会の議決を経て制
定する「条例」，都道府県知事・市町村長や都道府県公安委員会や教育委
員会などが制定する「規則」がある。教育委員会規則には，会議規則，事
務局設置規則，学校管理規則等が含まれる。

　成文法は憲法を頂点に体系化されており，その効力は次の4つの原理
によって規定される。第一は，法規の種類ごとに守備範囲を定める「法規
の所管事項の原理」。第二は，憲法＞法律＞政令＞省令というように上位
法を下位法に優先させる「法規の形式的効力の原理」。第三は，同レベル
の法規では時間的に後に形成された方が優先される「後法優位の原理」。
第四は，一般的に規定した法規と特定事項に限定した法規とでは後者が優
先される「特別法優先の原理」。こうした原理により成文法の適正な適用
が担保されている。また，不文法は成文法の不備を補填する形で活用され
ており，これらの法体系の下に，行政権が行使されている。

2．文部科学省

　国の教育行政を担っているのは**文部科学省**である。その任務や所掌事務などは文部科学省設置法により定められており，任務については，「教育の振興及び生涯学習の推進を中核とした豊かな人間性を備えた創造的な人材の育成，学術及び文化の振興，科学技術の総合的な振興並びにスポーツに関する施策の総合的な推進を図るとともに，宗教に関する行政事務を適切に行うこと」（第3条）とされている。そして，この任務を達成するために，95項目の所掌事務が記されており（第4条），約2,000人の職員が，大臣を頂点とし，総合教育政策局や初等中等教育局など分野ごとに編成された組織の中で，教育，科学技術，スポーツ，文化などのさまざまな仕事を分担している。なお，文部科学省には外局として文化庁とスポーツ庁が設置されている。

　国の行政機関には政策の策定に重要な役割を果たす主体として審議会等が置かれている。文部科学省にも複数の審議会が置かれており，文部科学大臣等の諮問に応じて調査審議等を行い，答申を出すことを任務としている。たとえば，教育政策分野に関して大きな役割を果たしている**中央教育審議会**には，教育制度，生涯学習，初等中等教育，大学の4つの分科会が設置されており，さらにその下に部会が設けられ，専門的な見地から調査審議が行われている。中央教育審議会の委員は，学識経験のある者のうちから文部科学大臣が任命し，定数は30名以内で任期は2年で再任可とされている。なお，答申の内容は一般的に尊重されるが，それ自体に法的拘束力は無く，施策の最終決定は文部科学大臣が行う。

　個々人の人格形成や価値形成に深く関わる教育という営みの本質から，教育行政には非権力的・非強制的・非統制的といった特徴が求められる。日本では，教育現場の実際の事務を担うのは地方公共団体であり，教育行政における国と地方との関係は対等とされ，文部科学省の許認可に関する権限も他の省に比べて少ないとされている。しかしながら，情報・資源の非対称性に起因する教育行政の縦割り構造や，他の先進諸国と比較した際の教育内容への国の関与の度合いなどの観点からも，国の教育行政の特徴は検討される必要がある。

3．教育委員会

　地方の教育行政を主に担当しているのが都道府県・市町村単位で設置される**教育委員会**である。これは第二次世界大戦以前の教育行政の在り方を反省し，1948年に制定された教育委員会法により創設されたものである。1956年に教育委員会法は廃止され，地教行法が制定されるが，教育委員会制度は維持され，今日に至っている[*2]。

　現在の教育委員会は教育長と複数の教育委員から構成される合議制の機

*2　教育委員会制度の導入とその後の変化については3.6も参照。

関であり，教育長と教育委員は地方公共団体の長が議会の同意を得て任命することになっている。任命の条件としては，教育長は人格が高潔で教育行政に関し識見を有するもの，教育委員は人格が高潔で教育，学術及び文化に関し識見を有するものとされ，その他に年齢，性別，職業等に著しい偏りが生じないように配慮すること，保護者が含まれること，同一政党に所属するものを委員の過半数としてはならないことなどがある。こうして組織される教育委員会には，学校教育，社会教育，スポーツ，文化などに関する方針を決定する権限が与えられている。

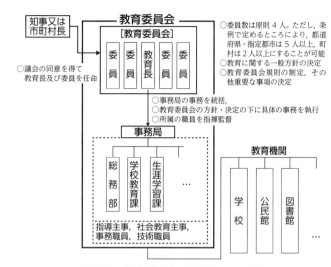

図 2.3　教育委員会の組織のイメージ
（出所）文部科学省 HP「教育委員会制度について」

　教育委員会の権限に属する事務を処理するために，教育委員会には事務局が置かれている。教育委員会事務局の組織構成については，教育委員会規則で定めることになっているため，自治体ごとに異なるが，学校教育や生涯学習といった分野ごとに部局が編成されるのが一般的である。また，教育委員会事務局は指導主事，事務職員，技術職員などの職員で構成されており，なかでも指導主事は学校における教育課程や学習指導などの学校教育に関する専門的事項に従事することが求められている。

　さて，戦後の地方教育行政を担ってきた教育委員会制度であるが，1980年代以降，その形骸化等が問題視されるようになり，改革が進められてきた。たとえば，2007年の地教行法改正では，重要事項については教育長への委任はせずに教育委員会が管理執行することや，教育委員の研修を行うことなどが定められた。これまでの改革の方向性は教育委員会の活性化にその目的があったといえる。しかし，2011年に起きた大津いじめ自殺事件や2012年の大阪府・市の教育行政基本条例の制定などを契機として行われた2014年の地教行法改正では，たとえば，地方公共団体の長が自身と教育委員会で構成する総合教育会議を設置し，そこでの協議を経て教育振興策の大綱をつくることや，教育委員長と教育長を一本化した新教育長を置き，地方公共団体の長が直接任命・罷免することが定められた。これは教育行政に対する地方公共団体の長の権限強化を目的とするものであり，この改革の方向性が，教育行政における政治的中立性の確保，継続性・安定性の確保，地域住民の意向の反映という教育委員会制度の有する意義に対して，どのような影響を与えるのかについては注視する必要がある。

[青木研作]

2.4 学校経営と校務分掌

1. 学校経営

　学校経営とは，その言葉どおり学校を経営することである。まず，経営者である校長は，児童・生徒の実態，保護者や地域住民等の願いや期待を総合的に捉えて学校教育目標を作成する。次に，校長は，学校教育目標を達成するために，どのような方針で学校運営していくのかを全教職員に経営方針を提示する。さらに，校長はその経営方針を具現化するのに必要な人材，設備・備品，予算などの教育資源を有効に活用し，効率的に学校運営にあたることを学校経営という。図 2.4 は，学校教育目標を「児童生徒が，学校が楽しいと思えるような魅力ある学校」に設定した場合の学校経営の具体例である。

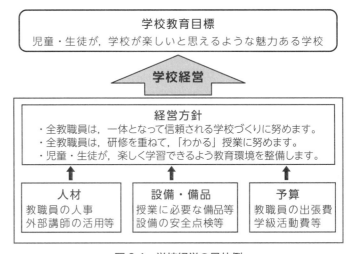

図 2.4　学校経営の具体例

　図 2.4 の学校教育目標を達成するには，全教職員が校長のリーダーシップの下，当事者意識をもって学校経営に参画し，信頼される学校づくり，「わかる」授業に努め，児童生徒が，学校が楽しいと思えるような教育活動を実践することが必要である。

　教職員の教育活動は，校種（小学校・中学校・高等学校）によって異なっている。教科指導では，小学校は学級担任制であり，学級担任が国語，算数，理科など，ほとんどの教科を指導する。また，中学校や高等学校は教科担任制であり，教科ごとに教科担任が指導する。教科指導以外では，小学校は学級活動，児童会活動やクラブ活動などの特別活動がある。同じく，中学校は学級活動や生徒会活動があり，高等学校はホームルーム活動や生徒会活動がある。また，各校種共通として，入学式，修学旅行，体育祭や

文化祭などの学校行事がある。

　全教職員は，このようなさまざまな教育活動を通して，学校教育目標である「学校が楽しいと思えるような魅力ある学校」の実現に向けて取り組まなければならない。

　そのためには，全教職員が日々の教育活動を通して，経営方針である信頼される学校づくりが効率的に行われているか，授業が理解できているかを確認していかなければならない。たとえば図 2.5 の計画 (Plan)，実施 (Do)，評価 (Check)，改善 (Action) の PDCA サイクルはそのために有効な手段である。この PDCA サイクルに基づいて，適切に評価して改善を図りながら，学校が楽しいと思えるような魅力ある学校づくりに取り組むことが必要である。

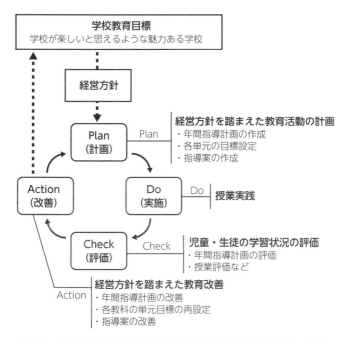

図 2.5　学校教育目標を効率的に達成するための PDCA サイクル

2．校務分掌

　教員の仕事のひとつに**校務分掌**と呼ばれる仕事がある。校務分掌とは，校長が，学校教育目標を達成するために必要な校務を全教職員に分担し，処理させることである。

　校務とは，学校の教育活動を行ううえで必要なすべての仕事のことであり，学校教育法第 37 条 4 に「校長は，校務をつかさどり，所属職員を監督する。」と規定されている通り，校務を掌握して処理する権限をもっているのが校長である。しかし校長が校務であるすべての仕事を一人で処理することはできないので，校長の責任で所属職員である副校長・教頭，主幹教諭，指導教諭，教諭，養護教諭，栄養教諭，事務職員およびその他学

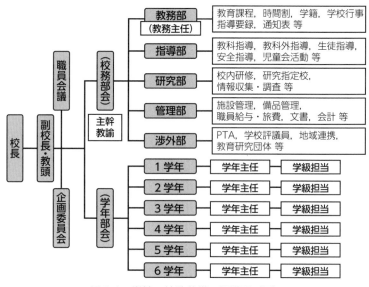

図 2.6　学校の校務分掌の組織図（例）

（出所）文部科学省（2017）より作成

校に所属している職員に校務を割り振りして処理させることが校務分掌である。つまり，校務分掌は，小・中学校および高等学校の規模にかかわらず，法令上規定されており，全教職員が学校教育目標の達成に向けて組織的かつ効果的に教育活動ができるよう校務を所属職員が分担し，処理するのである。

　校務分掌は，それぞれの学校によって役割や名称に相違はあるが，図2.6のような校務分担の仕方が一般的である。

　たとえば「教務部」は，教務主任をはじめ，教務を担当する教員が数名任命され，主に，教育課程や時間割の編成，通知表の作成などの仕事を担当している。指導部には，各教科に関わる教材研究などを担当する教科指導，学校を休みがちな児童・生徒への対応などを担当する生徒指導などがある。

　また，教職員を対象にした研修会の企画・立案などを担当する研究部，PTAや学校評議員などの学外関係者の対応を担当する渉外部などがある。さらに，教職員がチームを組み学校が抱えるさまざまな課題を検討する企画委員会などもある。このように，教職員の仕事は，学級担任や教科指導など，児童・生徒を指導するだけでなく，学校教育目標の達成に必要な校務を全教職員の協力体制のもと分担して行われている。

　そして，全教職員は，学校教育目標を常に念頭に置きながら校務を円滑に効率的に実践できるように，学校教育目標や校務分掌の内容を組織ごとに文章化したり，図表化したりして，全教職員の見える職員室等に掲示しておくことも大切である。

図 2.7　学校を学級に例えた場合の校務分掌

　さらに，教職員であれば，誰もがこんな子どもに育てたい，そのために
は，こんな学校をつくりたい。そんな教職員一人ひとりが育てたい子ども
像を寄せ集め，職員室などで日々議論を重ねてまとめられたものが学校教
育目標となる。こうした議論を踏まえてこそ，学校教育目標に対する教職
員の意識が高まり，校務分掌の組織力の向上につながる。いわゆる，学校
を学級に例えるならば，学校の教職員は，学級の児童・生徒であり，職員
室が教室と考えることができる。図 2.7 は，ある小学校の学級活動の時
間に，学級目標「なかよし３くみ」を振り返り，みんながもっと仲良く遊
んだり，学習したりするには，どんな役割が必要なのかを一人ひとりが意
見や考えを出し合っている様子である。また，教室の黒板の右側には，自
分の役割や責任を果たすために，みんなで話し合って決めた本の貸し出し
などを行う「図しょ」係や算数の宿題などを集める「さんすう」係など，
一人ひとりの役割分担表が掲示されている。校務分掌とは，「なかよし３
くみ」の実現に向けて取り組むために，みんなで決めた役割分担のような
ものといえる。

　最近では，校務分掌の電子化が進められており，学校教育目標，経営方
針や校務分掌の役割分担などがパソコンでも見られる環境が整ってきた。

［槇　誠司］

2.5 学校制度

1．学校制度の種類

　本節では主要国の学校制度の歴史や理念を取り上げていくこととするが，まずは学校制度の種類を確認しておきたい。学校制度は，一般的に，年齢や学年段階に応じた縦の接続関係である段階性と，学校の種類に応じた横の接続関係である系統性によって分類される。段階性は，初等，中等，高等の３つの教育段階から成り立つ。また系統性は，単線型，分岐型，複線型の３つに分かれている。

　このうち**単線型学校制度**は，初等・中等教育段階（義務教育期間）において，同一学年のすべての子どもが同じ学校種で学ぶ制度であり，中等教育修了後は高等教育（大学）への道が開かれている。対して，**分岐型学校制度**は，義務教育の途中まで（たとえば初等教育段階のみ）すべての子どもが同一の学校種で学び，その後は子どもの能力や進路希望に合わせて，異なる学校種に進学する制度である。また，**複線型学校制度**では，初等教育段階から学校種が複数並置されている。分岐型や複線型学校制度は，個に応じた教育ができるなどの利点がある一方で，在籍した学校種によって大学進学の可否が異なるため，教育機会の不平等が問題となっている。

　学校制度は国や時代によって異なっている。本節の第２項で日本の，第３項で海外の学校制度を学び，それらの違いを参考に，子どもたちに最適な学校制度はどのようなものなのかを考えていってほしい[1]。

*1　主要国における公教育の成立に関しては第３章を参照。

2．日本の学校制度

（1）近代学校制度の誕生

　日本の現在の学校制度を表したものが図 2.1（p.15）である。小学校が初等教育，中学校が前期中等教育，高等学校が後期中等教育，大学や短大，専門学校などが高等教育を担う単線型学校制度の様態をとっている。小・中・高・大の在籍年数から**6-3-3-4 制**とも呼ばれる現在の学校制度は，第二次世界大戦後に導入されたものである。一方，戦前の学校制度は今とは異なる分岐型であり，生徒の学力や身分，性別によって中等教育の進路が異なっていた（図 2.8 参照）。ここで，日本の学校制度の歴史をたどることとしたい。

　日本における近代学校制度の発端は，1872（明治 5）年の**学制**にさかのぼる。すでに江戸時代には，武士の子どもを対象とした藩校や庶民の子どもを対象とした寺子屋などの教育機関が全国に普及していたが，学校制度としての体系化はなされていなかった。時代が明治に変わり新政府が

中央集権国家づくりを進めていく中で，1871（明治 4）年に文部省が創設されると，翌 1872 年に，近代学校制度を定めた日本で最初の学校法令である学制が公布された。学校制度は，小学校（下等小学 4 年，上等小学 4 年），中学校（下等中学 3 年，上等中学 3 年），大学の 3 段階を基本構造として体系化されるとともに，各学校の設置基準として学区制がとられた。

　その後，学制の改正案である教育令や学校種ごとに細かく規定した法令である諸学校令が公布され，各学校種の就学期間や就学義務期間の変更がそのつどなされた。1907 年の第三次小学校令改正によって尋常小学校が 6 年制になり，義務教育期間も 6 年間に延長された。それ以降，第二次世界大戦終戦後の 1947（昭和 22）年に学校教育法が制定されるまで，分岐型の学校制度そのものが大きく変わることはなかった。

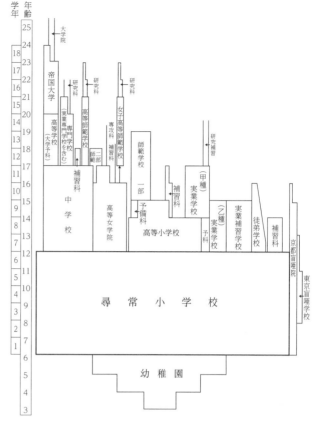

図 2.8　1908（明治 41）年当時の日本の学校系統図
（出所）文部科学省「学制百年史　資料編」より

(2) 戦後教育改革における分岐型から
単線型への学校制度の移行

　上述した学制の発布と並ぶ日本の大きな教育改革が，分岐型から単線型への学校制度の移行である。第二次世界大戦終戦後の連合国軍占領下の日本において，アメリカから派遣された教育使節団が 1946（昭和 21）年に提出した第一次報告書では，教育機会の均等をめざして，6-3-3 制の導入，男女共学化，授業料無償の義務教育の 9 年間への延長などが勧告された。これらの勧告内容は，翌 1947 年に公布・施行された学校教育法に反映され，日本の学校制度は単線化した 6-3-3-4 制に変わった。

(3) 新たな学校種の新設と個に応じた指導の充実化

　学校教育法はその後度々改正されたが，学校制度に大きく関わる改正として，後期中等教育と高等教育段階にまたがる 5 年間の教育を行う高等専門学校の設置（1961 年）や中高一貫教育を行う中等教育学校の設置（1998 年），小中一貫教育を行う義務教育学校の設置（2015 年）が挙げられる（図 2.1 参照）。これらの学校種の新設によって，6-3-3 制の原則に手が加えられ，日本の学校制度は単線型から複線型へ戻りつつあるという見方もある。

　戦後の教育改革では教育機会の均等が重視されていたが，すべての児童・生徒に同じ授業を行ったとしても，学力の習得状況（結果）が均等になるとは限らず，また一人ひとりの進路希望も異なる点が近年着目されている。ゆえに，上述の学校種の新設のほか，習熟度別指導など個に応じた指導の充実を求めた学習指導要領の一部改正（2003年）が実施されてきた。

　外国籍住民の増加など社会の多様化や産業構造の変化が進む日本では，一人ひとりに合わせた教育が今後も求められるのではないか。習熟度別指導をどの程度導入するか，また学歴社会や新卒一括採用などが度々問題視される学校教育と職業生活との接続をどのように改善するかといった課題に取り組み，すべての人々を包摂する学校制度を考えていくことが大切だ。

3．海外の学校制度

（1）アメリカ　単線型学校制度の源流

　1776年の**アメリカ独立宣言**において掲げられた「すべての人の平等」の理念は，アメリカの学校教育にも適用された。マサチューセッツ州教育長のホーレス・マン（Horace Mann）は，州に居住するすべての生徒を対象に共通の初等・中等教育を行う学校種である**コモン・スクール**の設置を構想し，アメリカ初の義務教育法である「マサチューセッツ州義務教育法」の成立（1852年）に貢献した。その後，19世紀後半に義務教育法が多くの州で成立していく中で，エレメンタリースクール8年，ハイスクール4年から成る8-4制の単線型学校制度が主流となった。

　19世紀末以降は，生徒の発達段階を考慮し，エレメンタリースクール6年，ハイスクール6年から成る6-6制や，ハイスクールをさらにジュニア（下級）ハイスクールとシニア（上級）ハイスクールとに分けた6-3-3制の導入，ミドルスクールの設置などが行われ，学校種ごとの就学期間は地域によって異なるようになった（図2.9参照）。また，学校の内部においても，従来の大学進学準備教育にとどまらず，職業準備教育を行うなど生徒層の多様化に対応したカリキュラム改革が行われ，現在に至っている。

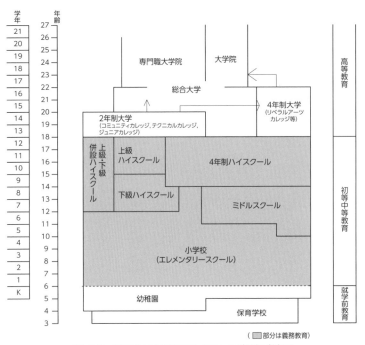

（　▨部分は義務教育）

図2.9　2019年現在のアメリカの学校系統図

（出所）文部科学省「諸外国の教育統計」より

（2）イギリス　複線型，分岐型から単線型学校制度への転換

　初等教育の義務化を定めた基礎教育法（1870 年）が制定された 19 世紀末のイギリスでは，ラテン語や近代外国語を教授する学校と自国語を教授する学校が並立する複線型学校制度を採用しており，カリキュラムや就学期間が異なっていた。また，それぞれの学校の生徒の出身階級が偏っており，階級社会を反映した学校制度であったといえる。

　20 世紀に入ると，「中等教育をすべての者に」という理念の下で中等教育制度が発展するとともに，初等教育と初等後教育ないし中等教育との区分が明確化されるようになり，1944 年教育法（バトラー法）によって，グラマー・スクール，テクニカル・スクー

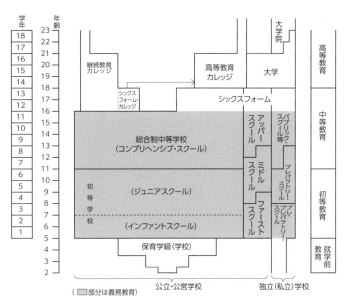

図 2.10　2019 年現在のイギリスの学校系統図
（出所）文部科学省「諸外国の教育統計」を基に作成

ル，セカンダリー・モダン・スクールから成り立つ三分岐型中等教育制度が成立した。大学準備教育を行うグラマー・スクールに進学するためには，11 歳（初等教育修了）時点に実施される，イレブンプラスと呼ばれる学力試験に合格する必要があった。そのため，中産階級の生徒がグラマー・スクールに進学する傾向にあるのに対し，試験の難しさから労働者階級の生徒はセカンダリー・モダン・スクールに進学する傾向が強かった（なお，上流階級の生徒は高額の授業料を徴収する私立のパブリック・スクールに進学することが多かった）。

　このように分岐型学校制度は階級の再生産機能をもっており，批判の対象となった。その結果，1960 ～ 70 年代には労働党政権のイニシアティブの下で，地域のすべての子どもを受け入れることを目的に，三分岐の学校種を統合した総合制中等学校（コンプリヘンシブ・スクール）の導入が進み，1970 年代末以降はほとんどの生徒が同校に通うようになった（図 2.10 参照）。

（3）ドイツ　分岐型と単線型の間で揺れ動く学校制度

　ドイツでは，ラテン語や神学の教育を行う教会立学校が 8 世紀から存在し，13 世紀から 14 世紀にかけて大学や都市学校が出現した。また，14 世紀には大商業都市を中心に，ドイツ語の読み書きを教えるドイツ語学校が創設され，複線型学校制度が発展していった。そして 17 世紀に入ると，就学義務の規定をも含む学校規則がいくつかの領邦国家で制定され

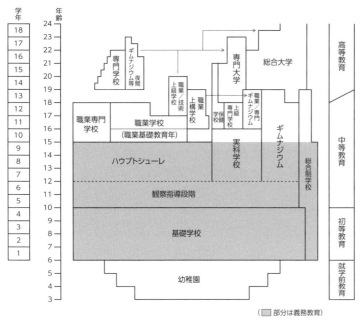

図 2.11　2019 年現在のドイツの学校系統図
（出所）文部科学省「諸外国の教育統計」より

た。

　現在は連邦制国家であるドイツでは 16 州それぞれで学校制度が異なるが，旧西ドイツ地域の州では伝統的に三分岐型学校制度が採用されている。同制度の下で，子どもたちは初等教育機関である基礎学校に 4 年間（一部の州では 6 年間）通った後，前期・後期中等教育を 8 ないし 9 年間一貫して行うギムナジウム，前期中等教育のみを行う 6 年制の実科学校（レアルシューレ），5 ないし 6 年制の基幹学校（ハウプトシューレ）のいずれかの中等教育機関に進学する。進学先の学校種によって，カリキュラムや卒業資格，卒業後の進路はそれぞれ異なる（図 2.11 参照）。

　たとえば，ギムナジウムの卒業者はアビトゥーアと呼ばれる大学入学資格を取得し，大学に進学するのに対し，実科学校卒業者は職業専門学校といった全日制職業学校に，また基幹学校卒業者は，定時制の職業学校での授業と企業実習から成り立つデュアルシステムと呼ばれる職業教育の道に進むことが多い。このようにドイツでは，前期中等教育段階から複数の学校種を設置することで，一人ひとり異なる能力や将来の進路希望に応じた教育を提供するという公平な学校制度がめざされている。

　他方で，能力の差異に関係なく，前期中等教育段階の全生徒を対象とした単線型学校制度の学校種である総合制学校（ゲザムトシューレ）の導入が 1960 ～ 70 年代にかけて各州で始まったが，単線型学校制度に完全移行した州は存在しない。しかし，2000 年代の国際学力調査が，ドイツの中等教育において，生徒の社会的出自と在籍する学校種や成績との間に強い結びつきがあることを指摘した。その結果，教育機会の平等の観点から三分岐型学校制度に対する批判が強まり，分岐型から単線型への学校制度改革の議論は再燃することとなった。公平な教育機会をめざす分岐型学校制度と平等な教育機会をめざす単線型学校制度との間で，ドイツの学校教育は揺れ動いている。

［栗原麗羅］

第 3 章

教育の歴史と理念

　　現代の教育のスタンダードである公教育は近代国家の確立と不可分のものとして始まり，時代とともに拡張・変容してきた。その事情や推移は「発祥の地」である欧米も日本もほとんど変わらない。公教育の成り立ちと変化を知ることは，私たちがよく知る学校教育の特長や問題点を浮き彫りにすることでもある。また家庭教育や社会教育のあり方を考えることは，学校教育の輪郭を外側から明らかにすることだろう。

3.1 前近代の教育：欧米

1. 欧米の教育史を学ぶ

　21世紀の日本の教育者をめざしているのに，教職科目ではやけに多くの欧米の出来事や人名が紹介される。歴史がさほど得意でない学生であれば何のためにこれを学んでいるのだろうと困惑するかもしれない。高校の公民で，日本の政治や経済を学ぶ前にやはり欧米の話題が出されたのと似ている。そのような構成になっている理由，事情は同じである。日本を含む世界各地の政治・経済の制度の多くは，欧米の歴史の中でかたちづくられてきたもので，近代に入って欧米諸国が世界各地に進出（侵略）してそのしくみを広め，いつしか広く共有されることになったものだからである。現実の制度やあり方，特徴をよく知るには，それがもともと何であったのか，どのように形成されたのかを知ることが必要である。教職課程の学生が活動の場として志している「学校」もまた，欧米の歴史の中に芽生え，世界各地に広がったものである。江戸幕府を倒して近代化をめざした明治期の日本人たちは，江戸時代の教育のしくみをいったんリセットして欧米式のものを全面的に導入した。いったん欧米に目を移して，学校教育とはそもそもどのようなものであり，いかなる特徴・構造をもつのか，長所・短所は何なのかといった点を心得ることは，その制度の中で活動し児童・生徒の人生に影響を与え，次世代の社会づくりに寄与する教師にとって不可欠な準備作業なのである。

2. 前近代の教育

　いま私たちがよく知る教育は，一定年齢に達した子どもがみな小学校に入学して学び，さらにはその次の学校段階（日本では中学校）に進んで学び……というものである。全員が就学し，一国内（国によっては州内）の学校のしくみやカリキュラムは基本的に同一である。そしてそれらは公権力（主に国家）が制定した法によって裏づけられ，ある種の強制力を伴って実施される。そのような教育のあり方が公教育であり，歴史的には**近代公教育**（Modern Public Education）と呼ばれる。ここでは，欧州（ヨーロッパ）における前近代の教育を捉え，それとの対比で私たちが直接かかわっている近代公教育の特徴を考えることにしたい。

　中世後期の12世紀ころから欧州では都市が発達し，商工業者が同業組合を結成して都市の主たる構成員となった。手工業者＝職人のもとには，親元を離れて住み込みで入門した徒弟が複数あり，彼らは下働きに従事しながら親方の技術を観察・模倣し，しばしば厳しい指導を受けて，やがて

職人として自立していった。子どもの進む道の決まっていた時代の教育はそのように職務に直結する知識やスキルの伝達がほとんどであった。キリスト教の聖職者をめざす男女の教育（修道院）は，厳粛で厳格な規律の中で宗教的な理念や知識，作法を習得するものであった。聖職者は文字の読み書きをできることが多かったため，識字率の低い前近代にあっては，世俗の分野でも貢献できる人材を育成する教育でもあった。貴族や領主階級，都市の富裕層などの子ども（男子）は，そのころ欧州各地につくられていた**大学**（universitas）で学ぶため，読み書きやコミュニケーションの共通語であったラテン語（古代ローマの言語）を母語とは別に習得する必要があった。そのための準備教育の学校が，のちの中等教育機関のルーツの一つとなった。

　前近代の教育については，身分や階級，職業などにより教育の場やプロセスが分立していたこと，システムやカリキュラムが多様で統一性に欠けていたこと，国家の関与がほとんどみられなかったことに注目したい。

3. 近代教育への道程

　16世紀に起こった宗教改革は，教育の近代化にとって一つの画期となった。新たに登場したプロテスタントも，従来からのカトリックも信者の獲得と，自分たちが信じる「真の教え」を彼らにしっかり内面化させるために教育の充実を図った。とくに，従来は「小さなおとな」とみなされて適切に扱われなかった児童期の子どもに着目し[*1]，彼らの特質に合わせた教育を施すことで，自派の信仰の徹底と充実をめざしたのである。後に国家が公教育を運営する際に，キリスト教の教育の手法がベースとなり，内容を宗教から世俗的・国家的なものに載せ替えることになる。

　宗教改革の主導者のひとりである**ルター**（Martin Luther：1483-1546）は，信者が神と直接向き合い，聖書を通じて信仰を深めるべきことを説いて，教会の権威的地位を強く批判した。その実現のために学校を設立し教育にあたった[*2]。またラテン語で書かれていた聖書は聖職者以外が読めるものではなく，そのために聖職者や教会の権威が無用に高まっていたことにかんがみて，みずからドイツ語への翻訳を進めた。16〜17世紀はフランス，イングランド，スペインなどで近代国家の形成や集権化が進みラテン語に依拠した書きことばを「国語」に置き換える動きがはじまっていた。ルターの聖書独訳も，近代言語としてのドイツ語の確立に大いに貢献した。一般民衆が母語で学べるようになることは，近代教育への大きな前進である。ただし18世紀ころまで，教育に国家が介在することや，全国的統一を図ろうといった動きはほとんどない。産業革命と市民革命が起こったことで，教育が新たな段階を迎えることになるのである。

［古賀　毅］

*1　ルネサンス後の西欧では，子どもを「小さなおとな」ではなく，固有の特質や傾向をもつ主体であると捉える「子ども観」の変化が生じたとされる。この転換は，宗教改革後のプロテスタント，カトリック双方の宗教教育や，18世紀のルソー（pp.54-55を参照）の教育観につながり，初等教育の可能性を開くものとなった。20世紀のフランスの歴史家アリエス（Philippe Ariès 1914-84）が『〈子供〉の誕生』を著して明らかにした。

*2　p.51を参照。

公教育の形成：欧米

1. 近代公教育の確立

　現在の私たちがよく知っている教育のかたち——近代公教育——が欧米各国で確立されたのは，おおむね19世紀半ば〜後半である。市民革命と産業革命をいち早く成し遂げ，激しい変革を回避しながら近代化が進行したこともあって，イギリスでは国家でなく任意団体が学校の設立主体となっていた。しかしその方法では学校の地域的な偏りを避けられない。すべての子どもに教育を受けさせる必要性から国家の介入が強まり，1870年に基礎教育法が制定されて，全土に小学校が設置され従来からの任意団体設置学校と並存しながら初等教育を構成することになった。数十の領邦国家に分かれていたドイツでは，19世紀前半から一部の領邦において公権力による教育の整備が進んだが，首相ビスマルクの主導下に急成長したプロイセン王国はとくに教育に注力した。「上からの近代化」を強力に推進したビスマルクは教会勢力との対決を繰り返し，子どもの教育を教会の手から引きはがして国家のものにしようと図った。1872年の学校監督法によりそれが実現し，同年の一般諸規定によってプロイセン領内の均一的な初等教育が確立されることになった。そのプロイセンに1870年の戦争で敗れたフランスは国家再建の途上で公教育の制度化を進め，1881〜82年の法律（公教育相の名を冠して「フェリー法」と総称）によって義務・無償・非宗教の教育を実現している。アメリカ合衆国の教育は州ごとに制度が異なるが，独立以前から学校は民間が設立し有償で維持するところが大半だった。19世紀に入ると州費（つまり税）で維持・運営する公立学校の設置を求める運動が高まり，実現に向かった[*1]。また公教育からの宗派性の排除，さらには義務就学制も19世紀後半までに制度化されていった。明治維新後の日本で学制が公布され近代教育が創始された時期（1872年）は，そうした欧米の傾向とも符合するものであった[*2]。

2. 近代公教育の基本原則

　こうして成立した近代公教育は，公権力が主宰し公費で維持するものとなり，国内（領内）のすべての子どもを対象とする初等義務教育が基礎部分に組み込まれるものであった。義務・無償・非宗教[*3]という基本原則は，教会や慈善団体などではなく国家が教育の担い手となったときに必須の要件となったのである。また，都市部・農村部を問わず国内全域に学校が設置され，その担い手としての教員養成のしくみも整備された。

　この大きな変化は人類史上でも画期的なものである。身分が低くても，

*1　1827年のマサチューセッツ州が端緒となった。p.28も参照。

*2　3.5を参照。

*3　人間の内面や価値観の形成に直結する教育は宗教（教会）の担当すべき分野であると長く信じられてきた。国家（公権力）がその権限を得るという方針は，少なからぬ国・地域で急進的かつ不遜な変化と受け止められていたが，一方で産業革命後に成長した中産階級や労働者たちの中では世俗的（非宗教的）な教育を歓迎する動きが強くなっていた。

貧しくても，辺境に生まれても同質の基礎教育を受けることができるようになり，国民の知的水準は著しく向上することになった。ただし規律や集団生活，決められた学習や行動などに同調することが苦手な子どもにとっては苦難の時代の到来であったかもしれない。また，義務教育が制度化されたにもかかわらず貧困や差別などの事情で就学できない子どもが一定の割合で存在した点も考えておくべきであろう。

公教育の父　コンドルセ
（パリ学士院前にある銅像）

3．公教育を要請したもの―国家と国民，それぞれの事情

　因習や伝統を脱し理性のもとに打ち立てられた近代国家が国内全域に学校をつくり国民を教育する，という考え方は本来18世紀の啓蒙思想に由来するものであった。フランスの**コンドルセ**（Nicolas de Condorcet：1743-94）は1792年，立法議会に対して国家による教育の確立を図る法案を提出した。これは近代公教育の輪郭を初めて明確に示したものである[4]。だがこの法案はフランス革命の激化によって廃案となり，この時点での公教育確立は幻に終わった。フランスで財政的な裏づけを伴う公教育が実現するのは，前述のように1880年代を待たなければならなかったのである。

　近代の国家は国民国家（nation-state）という面を強く有する。自由で平等な国民が国家を形成し，主権者となり，「私たちの国」という誇りとアイデンティティをまとい，同じように国民国家となった他国とは経済と軍事で競合・対抗する。参政権や兵役義務も一般化されたことから，自国についての知識や国民としてふさわしい態度も身につけなければならない。国家の側から見れば，次世代の国民を確実に育成し，nationの一体化を図るためには，一元的で同質的な教育が不可欠であった。教科書や掛図といった教育メディアの頒布[5]，教員養成を通じた効果的な教育システムの普及，そして一人の教師が多数の児童と向き合って「知識を伝える」一斉教授法などが[6]，そのような前提の中で定着することになる。

　一方で，就学を求められた国民の側にも大きなプラスがあった。市民革命・産業革命により社会は大きく変化し，職業や生き方，居住地までもが自由になっていたが，それは「先祖代々してきたように」行動することがもはや許されないことを意味した。新しい社会や生き方，職業選択には一般的な知識やスキルが必要である。閉じた共同体を出て，見知らぬ多くの人たちと共存する都市型の生活では，社会性やコミュニケーションの能力も身につけなければならない。上からの命令で「受けさせられた」公教育ではあるが，受ける側がその利点を十分に実感したからこそ普及や定着が進んだのである。コンドルセ案が不発に終わった1790年代とフェリー法が制定された1880年代の間に起きたもの，それは産業革命であった。

[古賀　毅]

*4　p.58を参照。

*5　官僚機構の整備のほか，鉄道網の発達による連絡・輸送の充実と速達化，印刷技術の発達によるメディアの充実などがこうした動きを後押ししている。

*6　初等教育の方法は，教会の教育方法をもとに創案された部分が大きい。

3.3 公教育の変容：欧米

1. 子ども中心か，学問中心か

19世紀後半から20世紀初めにかけて，欧米諸国では公教育が社会に定着し，欠かせないものとして認識されるようになった。それは3.2でみたように，主宰する国家の側にも，教育を受ける国民の側にも益のあるものであったが，それゆえに20世紀の教育は，国力の源となる国民の能力を高めようとする動きと，一人ひとりの (every であって all ではない) 学びを保障するための主張や運動との葛藤を生んだ。「きちんと学ぶ」という点では一致するはずだが，プロセスや内容には大きな違いがあったのである。子ども中心のカリキュラムや活動的な学習といった特徴をもつ**進歩主義**[*1] と，国家・社会・学術の伝統を支える基礎的な範囲 (ミニマム・エッセンシャルズ) の共有に重きを置く**エッセンシャリズム**とが論争を展開したアメリカの教育では，20世紀後半にかけてその葛藤や矛盾が顕在化した。

1957年，ソ連が人類最初の人工衛星打ち上げに成功すると，東西対立の最も激しかった時期ゆえに，アメリカの社会は大いに動揺した[*2]。子ども中心の教育に注力している間に，現代の国力の根源ともいうべき科学技術でソ連に先行されたというのである。1959年には自然科学の研究者や教育関係者が集まって教育の改善を議論し，科学の系統性に重きを置く教育，すなわち学習者でなく学習内容を優位に置く教育が提唱された[*3]。この方向性は学習者の興味・関心や発達段階よりも「ここまで習得させなければ」という部分に傾きがちであり，この会議を契機として高まった教育現代化運動もその傾向をもった。しかし学習者の基礎学力や家庭環境などが多様であると，過度のつめ込みによる消化不良や学習不振を招きかねない。現代化運動はその弊を避けることができず，頓挫した[*4]。

1970年代に中等教育の完全単線化を果たしたフランスでは，小学校において子ども中心の新教育を教育課程，教育方法の面で全面的に導入した。だが基礎学力の停滞や中等段階での逸脱行為の多発，それらの背景にある社会状況 (家庭環境，階層の格差)，さらには共有すべきと考えられたナショナルな知識の後退が懸念され，1980年代に知育型の教育課程に復帰した。この路線対立は21世紀に入ってからもしばしば起こっている。

2. 競争型の教育方針

教育行政や教育課程を国内で統一的に運用する集権的な体制の国は，先進国では日本やフランスなどに限られ，州や自治体の独自性が強い分権的

*1　pp.68-69 を参照。

*2　この動揺は人工衛星の名に由来してスプートニク・ショックと呼ばれた。

*3　開催地にちなみウッズホール会議と呼ぶ。議長は認知心理学者 J.S. ブルーナー (Jerome Seymour Bruner：1915-2016) が務めた。

*4　アメリカにおける現代化運動の強い影響を受けた日本の昭和43年版学習指導要領 (1968年) もやはり消化不良を惹き起こし，次の昭和52年版 (1977年) でその反作用として「ゆとり」が初めて提示された。

な国が多数派である。そこに前項のような「国力」向上という課題を載せ
ようとするとき，国（中央政府）の権限を強化するケースと，ゴールは共
有しても地域や学校の競争を促すことで底上げを図るケースがみられる。
後者は到達までの多様な経路を確保できるのが魅力だが，格差の拡大や，
取り残される層の問題が大きな懸念材料になる。地方当局の権限が強かっ
たイギリスでは 1988 年に教育改革法が制定され，全国統一のカリキュラ
ムが初めて導入されるとともに，全国で学力検査を定期的に実施して学力
の向上を図る方針が採られた。そこへ向けての方法やプロセスには学校ご
との独自性の発揮が求められたため，これは競争型の方針である。このと
き学校選択の自由化も図られており，成果を上げた学校には生徒が集ま
り，それに応じて予算や人事も加配された。これは**新自由主義**[*5] を採る
保守党政権の政策であったが，1997 ～ 2010 年の労働党政権でも基本路
線は踏襲された。ただしそこでは社会的包摂（social inclusion）が掲げら
れて，不利な立場になりがちな層や学校を脱落させないための措置がとら
れ，個性的な学校を増やして生徒の選択を量だけでなく質の面でも支えよ
うとした。

　公教育の分権性が非常に強いアメリカでは，1980 年に連邦教育省が設
置され，1983 年には国力停滞への懸念を教育と結びつけた報告書「危機
に立つ国家」（A Nation at Risk）が出されるなど，公教育への連邦政府の
関与が強化された。ただしその具体的運用は分権的であるため，地域性・
所得水準・人種等の多様性を抱える社会ゆえに全体的な成果を上げるのに
は困難が伴う。2002 年には落ちこぼれを出さないための法律（No Child
Left Behind Act）が制定され，各州・地域に運用はゆだねつつも，生徒の
基礎学力のレベルに問題がないか連邦政府がモニターし，ときに強力な是
正勧告を出すというしくみを実施するにいたっている。

3．学力観の転換？

　社会状況の変化とともに，公教育で獲得されるべき学力のあり方も変わ
る。社会変化が常態化し不確実性が増し，創造的で複合的な産業分野が主
流になる現代では，公教育の役割を知識や技能そのものの習得で完結させ
ず，立体的な思考力やコミュニケーション能力，協働する力なども重視さ
れるようになった。とくに各国の経済界が労働者のスキルとしてそれらを
強く要請している。経済協力開発機構（OECD）が**国際学力調査**の主体に
なっている点は象徴的である[*6]。一般に初等・中等教育の制度や教育課
程は国家の枠内に閉じたものであるが，今日ではそうした国際的な動向に
添った方針を採らざるをえず，生徒一人ひとりのニーズや，伝統的な教育
観に依拠する立場との齟齬や認識のずれが拡大しつつある。　　[古賀　毅]

*5　新自由主義（neo-liberal-ism）は市場原理の重視，規制緩和と競争の促進，国営・公営事業の民営化，「小さな政府」化などの特色をもつ思想もしくは経済政策の基本的立場。1980 年代以降に有力となった。

*6　**生徒の学習到達度調査**（PISA：Programme for International Student Assessment）。一般には略称の PISA で知られる。

3.4 前近代の教育：日本

1. 武士の教育施設

　江戸時代といえば，士農工商と呼ばれる厳格な身分制度を思い浮かべる人も多いだろう。この時代の教育は，そうした身分に応じた教育施設がそれぞれ独自に展開していた。

　1630年に，当時徳川幕府が推奨していた儒学（朱子学）を教授していた林羅山は，上野に家塾を開設した。これが後に湯島に移転した，江戸幕府直轄の昌平黌（昌平坂学問所）となる。昌平黌では，旗本や御家人の子弟に対して官費で儒学の講釈等が施され，のちの将軍や幕府の中枢を担う政治家も輩出した。諸藩の家臣もここで学び，のちに藩校教師となったものも多く，昌平黌は藩が開設した教育施設のモデルとなったのである。

　藩が開設した教育施設は**藩校**と呼ばれ，支配階層にふさわしい資質や教養を武家に生まれた子どもに身につけさせることがめざされ，全国の9割以上の藩がこれを設けたとされる。子どもの入学年齢は藩校により異なり，中国の古典などを教科書として儒学に重きを置くところが多かったが，幕末には政治体制の不安定化から，国学・洋学を学ぶところもあった。その他の教育内容も多様で，歴史・地理・天文・音楽・和歌を学ぶところもあれば，他方で，剣術・槍・柔術・兵学・鉄砲・馬術・水泳などの武術鍛錬も教育内容に組み込まれ，いわゆる文武両道がめざされていた。

　最初の藩校は，1669年に岡山藩が花畑教場を改組して設置したものだった。藩校として有名なものに，長州藩明倫館，水戸藩弘道館，会津藩日新館などがある。1718年に萩に開設された明倫館は，今でいう図書館も備え，桂小五郎（木戸孝允）など明治維新の立役者ともなる重要人物が学んだ。1857年に開館した弘道館は，最大の藩校ともいわれ，敷地面積は約10.5haに及び，豊富な教育施設を備えて多彩な教育を提供していた。医学館も備え，製薬もできる医者を養成していた。1803年に開設された日新館には日本初のプールともいわれる水練場があり，鎧をまとったまま泳ぐ練習がなされていたという。入学年齢は10歳からで，1868年，子どもたちは年齢別に隊を組むことになった。その中で，白虎隊と呼ばれる16〜17歳の少年兵たちが戊辰戦争の最中に遂げた悲劇は有名だろう。

　当初は学問奨励的な意味合いで設置され始めた藩校だったが，幕末に向かうにつれ，藩士に限らず広く門戸を開き，藩に貢献する有力な人材を選抜する意義を深め，藩校の数も急増した。自由な学問研究の場というよりも，藩のための人材選抜と育成の場としての藩校だったのである。

2. 庶民の教育施設

　他方で，農民や町民など庶民の子が学ぶ**寺子屋**や手習塾と呼ばれる教育施設も数多く開かれた。寺院により始められた古くからの教育施設が源流だが，江戸時代には，僧侶の他に神官や武士，上層農民（庄屋等）が師匠となり，往来物と呼ばれる教科書を用いて文字の読み書きや算数などを教えた。具体的な学習内容はその地域の就業構造に応じて計画され，時には特定の職業に必要な語句を羅列したような往来物を用いて行われた。

　当時広く普及していた教訓書では，寺子屋での文字の読み書き能力の修得だけではなく，領主や親・師匠への恩などといった徳育も強調されている。加えて，こうした教訓書では，身分や社会階層にふさわしい能力を身につけ，ふさわしくない能力は身につけるべきではない，とされた。寺子屋での教育は身分社会を乗り越えていくためではなく，むしろそれを温存するために機能していたのである。

　寺子屋の教授法は，子どもがひたすらに文字の読み書きを繰り返すという反復学習だった。師匠は子どもを個別に呼び出し，あるいは自ら子どもの机を回って個別指導した。寺子屋の総数は 15,000 ～ 20,000 にも及ぶとされ，1868 年には男子は 4 割，女子は 1 割の子どもが就学していたとされる。

　このように，庶民にとっての教育機関も多く存在したことで，当時の識字率は国際的にも非常に高かったといわれる。江戸時代末期に浦賀に来航したペリーも，日本の町中に多様な本が並んでおり，多くの庶民が読み書きをする様を目にして，非常に驚いたという。

　こうした識字率の高さは，江戸時代の幕府や藩主の触書による統治を容易にするのと同時に，こうした教育経験の蓄積が明治期の近代教育を下支えするものともなった。

　武士の子と庶民の子がともに学ぶ試みの一つであったのが，**郷学**（ごうがく／きょうがく）である。有名なものに岡山の閑谷学校（しずたに）（1666 年～）があるが，これは庶民のために藩が建てた学校である。寺院による寺子屋機能を藩の支配下に移し，身分を問わず受け入れた子どもたちから未来の藩を担う次世代リーダーを育成するべく，領民強化をめざした。他方で豊後日田に設けられた咸宜園（かんぎえん）*1（1805 年～）では，入門者の学歴・身分・家柄などの特権を奪い，全員を平等に扱う三奪法が実践された。

*1　儒学者，広瀬淡窓（ひろせたんそう）（1782-1856）が創設した。

　しかし，江戸時代の教育は，各地域でそれぞれに塾や教育施設が開設されることによってばらばらに拡大し，公教育制度と呼べるものではなかった。さらに，身分や階級ごとに異なった施設で異なった内容を学ぶもので，身分や階級を超えるつながりをつくるには至らなかったといえるだろう。

[福嶋尚子]

公教育の形成：日本

1．学制

　1872（明治5）年8月，明治政府は日本初の近代教育法令である**学制**を発布した。その基本理念として，身分や性別による差別が温存されていた江戸時代の教育の在り方を反省し，すべての国民に平等に教育の機会を与えるということが謳われた。さらに，学問は個人の生活や生き方に役立つ（立身のための）財本であるとして，実学を重視した。そして，全国を53,760の小学区に分け，それぞれの小学区に設けられる小学校にすべての国民が平等に就学する「国民皆学」の学校制度確立がめざされたのである。

　しかし，人口600人程度で一つの小学校を設置維持するこの計画は，財政的な基盤に乏しい地域では無理があった。学校建築から教師の人件費に至るまでを住民が負担しなければならなかったため，多くの地域では，従来の寺子屋等を利用して学校の暖簾替えを図るしかなかった。また，教育内容としても，西洋の直訳的な教科書を利用するほかなく，その内容は難解すぎて，子どもたちの生活実態からはかけ離れたものだった。そのため，高い授業料と相まって庶民の学校への反感は高く，一部では庶民が暴徒化して学校が打ち壊される悲劇もあった。

　同時に「国民皆学」をめざして，徹底的な就学督促が行われた。1886（明治19）年に初代文部大臣である森有礼[*1]が制定した小学校令では，父母に対して，子どもを4年間小学校に就学させる義務が明記された。その結果，就学率は1890年には男子が約65％，女子は約30％まで上がった（文部省1967）。

2．教育勅語

　1889（明治22）年に明治天皇が発布した大日本帝国憲法には，学校教育に関わる規定はなかった。その代わり，翌年，国民の道徳的な統合を図るための**教育二関スル勅語**（**教育勅語**）が渙発[*2]された。教育勅語は帝国議会で制定された法令ではなかったが，天皇自身の言葉として重要な意味をもつとされ[*3]，これ以後学校教育の精神的主柱となっていく。

　教育勅語は，最初に国体（天皇制国家）の素晴らしさをたたえ，これを教育の根本に据えるべきことを述べる。次に，国民が守るべき道徳や倫理を列挙し，非常時においては天皇制への貢献・奉仕を求めている。そして，こうした忠君愛国思想は古今東西を通じて普遍的であると説明するのである。

　文部省は，この教育勅語の謄本と**御真影**（天皇・皇后の写真）を全国の学

*1　p.70 を参照。

*2　詔勅を広く国内外に発布すること。

*3　ヨーロッパの法を学んだ官僚の井上毅（いのうえこわし）（法制局長官）と，天皇側近で儒学者の元田永孚（もとだながざね）（侍講）が共同で原案を作成した。

校に配布し，それらを物神化することで，その精神の徹底を図った。子ども
と教師が全員教育勅語を暗記・暗唱するのはもちろんのこと，儀式にお
ける奉読や御真影への最敬礼，さらに災害時において教育勅語と御真影を
最優先で守ることまでもが強要された。

　教育勅語の誤読や，奉読中に立てたわずかな物音，御真影への欠礼など
は厳しく咎められ，子どもたちは教師から体罰を受け，時には退学になっ
た。教師自身も「不敬」とみなされ，教壇を追われた。教育勅語や御真影
を災害から守るために命を落とした教師もおり，それらを毀損したり焼失
したりしてしまった場合は，校長が責任を負って自害することもあった。

　こうして物神化された教育勅語と御真影により，子どもたちは忠君愛国
の精神を叩き込まれた。そうした子どもたちが大人になるに伴い，教育勅
語は日本国民全体を束ねる道徳を示すものとなっていったのである。

3．教育勅語の下での学校教育

　最も重要な教育勅語が，帝国議会の議を経ずに誕生したことで，国家が
教育内容を一律に統制しようとする動きが加速した。これ以後，勅令や文
部省令で学校制度を規定することが通例となった（勅令主義）。この勅令（天
皇の命令）は，天皇に近い一握りの権力者が帝国議会の協賛を得ずに発す
ることができ，しかも法律とほぼ同等の重要性をもつ。勅令主義は，時の
権力者が迅速に学校教育をつくり変えていくことを可能とした。

　とくに日清・日露戦争を迎える時期から，日本全体の国家主義化と集権
化が進んだ。1903（明治36）年，教科書が国定化され，教育内容の中央
集権的統制が進行した。これにより，教育勅語の精神を学ぶ筆頭教科であ
る修身科では忠君愛国や忠孝といった徳目が重視された。戦争の色が濃く
なるにつれ，子どもたちは日常的に，天皇への忠誠や戦場での殉死を賛美
し，我慢は美徳とする軍国主義的な道徳観を刷り込まれた。また，富国を
実現するために勤勉や立身という徳目が重視され，二宮金次郎の生き方が
手本として重用された。さらに国定教科書の中には，天皇の祖先は空から
現れた，などの非科学的な記述が織り込まれていた。高等教育で学んでき
た教師たちは矛盾を感じながらも，教科書の内容を子どもたちに叩き込む
ことを余儀なくされた。子どもたちの疑問や矛盾の指摘は，厳しく叱責さ
れ，国家により定められた知識の習得が徹底された。

　1900（明治33）年には小学校令が改正され，**義務教育の無償制**が規定
された。授業料負担をなくす一方で，子どもを就学させる親の義務を徹底
的に果たさせるためだった。これにより就学率は1909年には平均98％
にまで急上昇した（文部省1967）。

　こうした学校教育が，日本国民を思考停止に陥らせ，無謀な戦争に駆り
立てる素地を形成したといっても過言ではないだろう。　　　　　［福嶋尚子］

公教育の変容：日本

1. 占領期教育改革

　明治期から戦時下における，軍国主義的な教育のあり方を反省し，連合国軍による占領下で，戦後，教育改革が始まった。連合国は，日本国民を無謀な戦争に駆り立てた要因として教育勅語や中央集権的な教育制度があったとみなしていた。そのため，これを一掃し，新たな民主的な教育のあり方を構築するために，文部省と協力しながら改革を進めたのである[*1]。

　1947（昭和22）年に施行された日本国憲法に「教育を受ける権利」が明記されたことは，大きな意味をもつ。天皇のために受けることが義務であった教育は，これによって，権利であることが明確になったのである。この権利としての教育を保障するために，同年に制定された**教育基本法**には，教育を受ける機会が等しく保障されるべきこと，義務教育を受けるための授業料は不徴収とすることが明記された。加えて，特定の政党を支持または反対する教育は行わないこと，国公立学校では特定の宗教のための宗教教育は行わないこと，教育はあらゆる不当な支配に服さずに，国民との直接の責任において行われるべきことが述べられた。これらは，教育が国家に服した戦時下の反省に基づき，教育は政治的・宗教的・行政的権力から自立して行われるべきことを述べた画期的な規定だった。

　こうした憲法と教育基本法の枠組みの下で，さまざまな教育をめぐるしくみが整えられた。学校の授業で取り上げられる内容については，**学習指導要領**（試案）が文部省によってつくられた。試案という言葉が示す通り，これは教師にとっては参考資料であり，必ずしもこれに基づく必要はないとされた。戦時中は，修身という教科の中で子どもたちに天皇への忠誠を誓う道徳を叩き込んだが，この修身は戦後早々に廃止され，道徳教育は新しくつくられた社会科などの教科や生活指導などあらゆる教育活動の中で行われることとなった（全面主義道徳教育）。また，国レベルの文部省は残され，都道府県・市町村レベルでは選挙で選ばれた教育委員により構成される**教育委員会**が新たに設けられることになった（公選制教育委員会）。住民の民意を受けて選ばれた教育委員会が，その地方における教育行政を国から独立して担うことが目的とされたのである。

　このように，占領期教育改革においては，戦時下の教育を一掃し，教育という空間を政治や行政権力から守ることがめざされたのだった。

2. 教育の逆コース政策

　しかし，占領期教育改革は，連合国軍の占領が終わるとすぐに逆戻りす

[*1] 　1946年3月に来日した専門家集団，**米国教育使節団**が全国の学校等を調査してまとめた報告書が，この時期に立て続けに行われた制度改革の前提となった。また使節団に協力した日本側の関係者が中心となってつくった教育刷新委員会（1946〜49年）は制度改革において中心的な役割を担った。

ることとなる。占領を疎ましく思い，戦前のあり方を懐かしく思う勢力が，日本国憲法や教育基本法を基盤とする民主的教育改革の解体を図った。

1958（昭和33）年に改訂された学習指導要領は，その内容だけではなく，性格をがらりと変えた。表題から試案という文字が外され，官報上に告示されることとなった。これに伴い，文部省は，学習指導要領を，単なる参考資料ではなく，法的な基準であると主張し始める。これ以降，学習指導要領通りに授業が行われるべき，という考え方が広範に広がっていった。

さらに，1958年の改訂学習指導要領では，道徳の時間が教科の外ではあるが，特設された。1961年には全国一斉学力調査が中学2・3年生を対象に行われることとなり，得点に固執した競争的な教育活動を生み，教師が率先して不正を行っていたことも指摘された。1963年には義務教育諸学校の教科書が無償化されると同時に，広域採択制が導入され，教科書採択における教師の裁量が制限され，教育内容の中央集権化は着実に進んだ。

加えて，民意を教育行政に反映させるしくみとしての公選制教育委員会も，1956年より任命制に転換した。教育委員は住民による選挙ではなく，その自治体の首長（都道府県知事・市町村長など）が議会の同意を得て任命することとなった。加えて，文部大臣の教育委員会に対する是正措置要求権も明記された。民意によって選ばれた教育委員の代わりに，首長の意向や文部大臣の意向が教育委員会に対して強く反映されるように改革されたのである。新教育委員会は，1957年の愛媛での動きを皮切りに，教師の勤務評定を各地方で実施することで，教員組合の弱体化を図った。

このように，1950年代には，占領期につくられた制度が組みなおされ，現在につながる教育のあり方が組みあがった[*2]。

*2　教育にかかわる現在の法・制度，教育行政については2.3を参照。

3. 高度成長期から臨教審へ

日本の経済が好転し高度成長を迎える中で，義務教育（小学校・中学校）とはならなかった高等学校も拡大し，進学率は42.5％（1950年）から85％（1971年）まで急上昇した。しかし，それとともに受験競争の過熱化，過度に平等主義・画一主義的な教育が進んだと批判の声も上がった。

こうした高度成長期の教育を画一的・硬直的・閉鎖的とみなして，1984年に総理府に設置された**臨時教育審議会**は，より「個性重視の原則」に立つ教育を提言した。単位制高校や6年制中等学校など現在実現している多様な学校種も臨時教育審議会が提言したものである。また学歴が至上命題とされ学校教育で完結される状況を批判し，個人の選択に基づき，学校教育の基盤の上に，生涯にわたって自主的に学んでいく生涯学習社会への移行を謳った。このように，臨教審の提言は，その後30数年をかけて少しずつ実現されてきている。

[福嶋尚子]

3.7 公教育の現在地

1. 公教育の捉えなおし

　本章でみてきたように，公教育は近代国家の形成と歩を合わせて形成されたものであった。「国民」の育成と統合，富国強兵の実現をねらい，読書算などの基礎学力の定着，ナショナルな知識の共有と愛国心の醸成などが目標とされた。義務・無償・非宗教という公教育の基本原則はこれに合致するものであった。

　欧米各国および日本では，おおむね19世紀いっぱいをかけてそのような制度が確立され，強固なものになっていったが，その後の情勢の変化や地球規模の社会変動を受けて，公教育の位置づけや役割，それらに対する民衆の側のニーズなどもかなり変わってきている。今後もさらに変容しつづけるであろう公教育の立脚点を歴史的文脈の中から再確認し，公教育を支える一員としての自身の立場や使命について熟考してほしい。

2. 中等教育の普遍化がもたらす問題

　3.2で，産業革命等による社会変化で公教育はそれを「受ける側」にも大いにプラスとなったことを指摘した。19世紀末〜20世紀初の重化学工業化を皮切りに，20世紀を通じて産業の高次化，社会の複雑化が進むと公教育への要求はさらに高度化することになる。基礎的な知識・スキルや社会性を養う初等教育ではそれを満たすことができないことから，中等教育への進学が一般化することになった。当初，大半の国では複線型の学校制度[*1]が採られ，**A**高等教育への進学をめざす上位階層が学ぶ学校と，**B**職業生活を準備する学校は別系統になっていた。**A**では教養的で抽象性の高い内容が，**B**では実学的で職務に直結するような内容が学ばれた。初等教育だけでは満たせなくなった，複雑化した社会で生きるための学びは，はじめ**B**のような中等教育の学校によるところが大きかったが，1920〜30年代になると，中産階級の割合が高くなったこと，人権の観点から学習機会の平等が主張されるようになったことなどから，**学校制度を単線化**して民主的な制度に改めようとする流れが強まる。日本では，戦時下の制度変更で前期中等教育段階の義務化が図られ，敗戦後の1947年には完全単線型の制度が導入され，一挙に民主化が実現した。中等教育段階に複線型を残すイギリス，ドイツなどを例外として，単線化は世界の標準的な流れとなっていった。

　ただ，その際の単線化が**A**への一本化という方向になったため，新たな問題を生じることになる。もともと家庭の教育環境に恵まれた上位階層

*1　p.26 を参照。

のみを対象としていた **A** は，「教科の専門家」たる教員が学術的で教養的
な内容を伝達する性質を強くもっており，そうした基盤を十分にもたない
層が大挙して進学してきたときに対応しきれなかった。心身の劇的な変化
を経験する青年期[*2]へのケアやサポートのしくみも不十分だった。日本
の場合，経済成長とそれに伴う高校・大学への進学率上昇があまりに急で
あったため，量的拡大に質的充実が追いつかず，そこへ受験競争と呼ばれ
る事象が重なったこともあって[*3]，中等教育が教育問題の「本丸」とみ
なされる事態にもなってしまった。欧米諸国でも中等教育段階の学業不振
や生徒の逸脱行動，ドロップアウトなどに苦慮している。教育課程の見直
し，キャリア教育の推進[*4]，教員の専門性の再設定など，課題は多岐に
わたる。21世紀に入ったころから急激な成長・発展をみせているアジア
諸国でも，現在では後期中等教育が一般化しつつある。グローバルな人口
移動のことも合わせて考えると，中等・高等教育まで視野に入れた公教育
の再設定が急務であり，それには他国の動向への注目だけでなく，相互の
協力や連携によって導かれる部分も大きくなるはずである。

*2　5.2および5.3を参照。

*3　Ａタイプの中等教育は学習
内容の抽象性が高く，概念的整理
を十分に果たせない生徒の学習不
振を呼んだ。また学びの意味が
共有されないままほぼ全員が受験
競争に巻き込まれるため，学びが
進学や就職，ステータスのための
「手段」としてのみ了解される傾
向が強まった。

*4　6.6を参照。

3．再考される公教育の原則

　「国民」のための教育という公教育の基本は今のところどうにか保持さ
れている。ただ国境を越えた人口移動に伴い「国民」も一様ではなくなっ
てきている。オリジンを異にする子どもや若者を統合するのか，それとも
違いを容認したうえで共生を図るのか，各国は判断に苦慮しており，教育
政策の基本方針を民主的な政治によって決定する前提の下では，世論の動
向や人々の感情にも左右されて，確定が困難になってきている。

　近代国家の形成期にあっては，国民統合のために国の言語（国語）や国
の歴史（国史）を学び，共有する教育が推進された。ではグローバル化の
時代にあっては，世界の言語や世界の歴史をも共有するべきであろうか。
自国の言語や歴史の学びを維持したうえでとなると，とても量的にこな
せるものではなくなってくる。細かい知識の習得ではなく（ITやAIの発
達でそれらの記憶の必要性は相対化される）大づかみに把握するセンスや学
び方の学び，学びへの構えなどの学習に転換する，言い換えれば**量の学び
から質の学びへの転換**がめざされなければならなくなっている[*5]。だが，
それはいうほど容易ではない。

*5　IT化の進展や科学の高度化
といった事態に関しても同様のこ
とがいえる。第1章を参照。

　公教育の根幹をなす義務教育も，どの段階までをその範囲とするのか，
義務と権利の線引きをどうするか，無償制の対象をどこまで拡大するべき
か（その財源をどうするか），19世紀には想定されなかった問題が議論され
るようになっているのである。　　　　　　　　　　　　　　　　［古賀　毅］

3.8 家庭教育・社会教育

1. 家庭教育とは

教育という言葉を聞くと，学校教育を思い浮かべることが最も多いかもしれない。しかし，教育という営みは，学校ができる以前から，家庭や社会で行われてきた。

家庭教育とは，親やこれに準ずる人が子どもに対して行う教育のことである。子どもは家庭に生まれ，親や保護者が懸命に子どもの世話をして愛情を与えることで精神的に落ち着くことができる。そして乳幼児期に，家庭において言語（話し言葉）や排泄，睡眠，食事，着衣，清潔などの基本的な生活習慣を習得する（**一次的社会化**）。これらは**しつけ**ともいわれる[*1]。昔は，親だけで子どもを育てるのではなく，祖父母や地域全体で，家庭や地域での仕事や文化（ルール）を継承させ，育てる営みがあり，これを子育てと呼んでいた。

しかし，社会が複雑になり分業が進むようになると，家庭と地域の子育てだけでは社会で生きるうえで十分な知識・能力を習得できず，寺子屋，手習い所などに委ねるようになった。現在でも，子どもは，主に学校で教科学習や，教師・友人など家族以外の人との接し方，集団での活動など社会生活に必要な知識・能力を身につけていく（**二次的社会化**）。

教育基本法の第10条では，父母その他の保護者が子どもの教育についての第一義的責任を有するものとされており，子どもを育て，教える基本的な責任は家族にある。とはいえ，核家族化や少子化，地域の教育力の低下の中で，孤立やさまざまな課題を抱えた家庭の状況や，いじめや不登校，児童虐待の増加といった問題の複雑化・多様化の状況も指摘されている。家庭教育の自主性を尊重したうえでの家庭への学習・相談支援が重要である。

文部科学省は，各地域において**家庭教育支援チーム**[*2]を中心とした支援体制づくりを推進しており，保護者の学びや育ちを応援する学習講座による支援や，状況に応じた情報提供や訪問による相談対応，地域SNSなどのコミュニティによる支援が各地域で行われている。

さまざまな理由で，家庭で教育を受けることが困難な子どもたちには，児童養護施設や里親制度の充実，**スクールソーシャルワーカー**[*3]の積極的な活用とともに，家庭に代わる育ちの場を保障する取り組みが求められている[*4]。

2. 社会教育とは

学校，家庭以外の教育として，**社会教育**がある。社会教育とは，社会教

---

*1 しつけ：もともと農業用語で，田んぼに苗をしつけるというように使われていた。それが本縫いをする前に大まかに縫う箇所に糸を通しておく「しつけ糸」のことをしつけるというようになった。江戸時代以前は人を育てる営みを「こやらひ」「ひとなる」や「しつける」と呼んだ。

*2 家庭教育支援チーム：身近な地域で子育てや家庭教育の相談にのったり，親子で参加するさまざまな取組や講座などの学習機会，地域の情報などを提供しているチーム。地域の子育て経験者や民生委員・児童委員や専門家によって組織される。

*3 スクールソーシャルワーカー：学校における児童・生徒の福祉に関する支援に従事する職である。社会福祉士や精神保健福祉士など社会福祉に関する資格を有する者のほか，教育と福祉の両面に関して専門的な知識・技術を有し過去に教育や福祉の分野で活動経験のある者を任用するとされている。

*4 たとえば，児童館や放課後児童クラブ，子ども食堂や冒険遊び場（プレーパーク）といった子どもが安心して過ごせる場が挙げられる。

育法第2条の規定によれば，学校の教育課程として行われる教育活動を除き，主として青少年及び成人に対して行われる組織的な教育活動（体育及びレクリエーションの活動を含む）のことである。

　社会教育という言葉は明治時代から使用されていたが，1921年以降に一般化された。第二次世界大戦までの社会教育は，一部の大正デモクラシーの影響を受けた教育活動や農民・労働者による教育運動を除いて，基本的には国民統合を目的とした民衆教化のための教育活動であった。それが第二次世界大戦後，民主国家の実現をめざし，成人や社会人を含めた国民の学ぶ権利と自由を保障する教育活動へと転換した。

　社会教育の主たる場である社会教育施設としては，図書館，博物館，公民館，青少年教育施設などの公共施設がある*5。社会教育施設では，地域住民が個人や集団で行う教育・学習・文化・スポーツ・レクリエーションなどの活動に対して，利用の機会や専門的な援助，情報の提供，講座や集会の開催などが行われている。

　社会教育では地域住民である学習者の自主的な学習活動が尊重されるが，ニーズに対応した専門的な援助を行うため，社会教育主事（主に教育委員会に配置）を始めとして，公民館主事や図書館司書，学芸員などの専門の職員が各施設に配置されている。

　国や地方自治体は，これらの社会教育施設の設置，学校の施設を社会教育のために利用すること，学習の機会及び情報の提供などを通して，社会教育の振興に努めることが義務付けられている（教育基本法第12条）。

　社会教育の近年の状況としては，地方自治体の厳しい財政状況にあって，予算も年々縮小されていく傾向にあり，社会教育施設の閉鎖，統合や専門職員の削減が起きている。一方，地方創生や地域づくりにおける連携・ネットワークの拠点に社会教育を位置づけようとする動きもある*6。

3．学校・家庭・地域の連携・協働

　家庭，地域，学校を取り巻く問題の複雑化・困難化に対して，学校と地域が連携・協働して取り組んでいくことが一層求められている。2015（平成27）年の中央教育審議会の答申*7では，地域学校協働活動*8の推進と，この活動を推進するための体制として地域学校協働本部を整備すること，そして**コミュニティ・スクール***9を推進していくことが提言されている。とくに，以前からの連携で指摘されてきた，地域が学校の教育活動を支援する一方向から，地域課題に学校が参画する双方向の連携・協働へと発展させていくことがめざされている。　　　　　　　　　　　[佐藤裕紀]

*5　他にも社会教育を主たる目的として作られたものではないが，学校教育施設，勤労青少年施設，職業訓練施設，ユースホステルなどもある。

*6　たとえば中央教育審議会（2018）「人口減少時代の新しい地域づくりに向けた社会教育の振興方策について（答申）」を参照のこと。

*7　中央教育審議会（2015）「新しい時代の教育や地方創生の実現に向けた学校と地域の連携・協働の在り方と今後の推進方策について（答申）」では，①地域とともにある学校への転換，②子どもも大人も学び合い育ちあう教育体制の構築，③学校を核とした地域づくりの推進の方向性が示されている。

*8　地域学校協働活動：地域と学校が連携・協働して，地域の高齢者，成人，学生，保護者，PTA，NPO，民間企業，団体，機関など幅広い地域住民の参画により，地域全体で子どもたちの成長を支え，地域を創生する活動を指す。地域住民と学校との連絡調整を行う地域コーディネーターと，学校側の窓口として地域連携担当教職員が中核的な役割を担うことが期待されている。

*9　コミュニティ・スクール：学校運営協議会を設置する公立学校（幼稚園から高等学校までの校種と特別支援学校）のこと。学校運営協議会の主な役割としては，①校長の作成する学校運営の基本方針の承認，②学校運営に関する意見を教育委員会や校長に述べられること，③教職員の人事に関する意見を教育委員会に述べられること。

コラム　教職における「べき論」の陥穽（おとしあな）

　教職科目の授業で意見を求めると，「中学生は規範意識をもっともつべきだと思う」「高校生は受験にばかり意識を向けるべきではない」という型のコメントがしばしば示されます。あなたが児童・生徒であるならばそう言ってもよいし，あなたが教師として生身の児童・生徒を前にして何かを呼びかけるのであればぜひそう言ってほしい。が，大学の教室で「べき」を連発しても無意味ですし，しばしば有害です。教育者として，あるいは公教育として，児童・生徒にどうはたらきかけるか，何を目的としてそうするかという視点で考えなければどうしようもないからです。

　そのように考えてみると，家庭教育・社会教育（3.8を参照）と学校教育とでは，効力や作用がずいぶん違うことに気づくことでしょう。家庭や地域社会の教育が重要なことは論を俟ちません。人間は，そこで生活し活動するという場にあってこそ真に学び，真に成長するからです（ジョン・デューイが実社会での経験をプログラム化して学校内に取り込むことに腐心しているのもよくわかる）。でも，子どもは親や生まれる場所を選べません。教育力の低いところに生まれてしまえば，いくら「べき」だといってもそのようには学んでくれない，育ってくれないかもしれないのです。「早寝・早起き・朝ごはん」は大事です。しかし早寝・早起きはともかく，朝食を用意してくれない親のもとに生まれた子どもに責任はありません。「朝ごはんを摂るべきだ」というのは，いったい誰に向けられているのでしょうか。

　公権力の作用としての公教育は，そこに一種の強制力がはたらきますので，国や社会の意思をかなり強く伝達することができます。生まれ方の差異を均すはたらきがあります。「べき」論を，教育する側の視点に移し替えることで，教育の流れがクリアになり，意味や役割も明確になります。しかし，そこは公権力の作用による教育。誤ったことを教え込むことも，強制力をもって児童・生徒を特定の価値観や行動規範に押し込むこともより可能になります。効力が強いぶん副作用も強いのだと考えられます。──と，考えを巡らせたあとで，もう一度第3章を通読して，思考してみましょう。教育者として，あなたはどうあるべきか。何をすべきではないか。児童・生徒目線で考えていたときには見えなかったものが，見えるようになってくるのでは？

[古賀　毅]

教育の思想

　教育という人間的な営みについて古来多くの思想家や教育者が記述しその教育観を世に問うてきた。とくに近代の教育思想は第3章で学んだ公教育（≒学校教育）の方向性や実践と直接関係するため，応用・拡張や批判というかたちで議論の対象になってきた。ひとりの教育者が自ら知れること，経験できることは限られているが，東西古今の思想に触れ「間接的な教育経験」を得て，自身の教育観を深く豊かなものにしていきたい。

4.1 — 16世紀の教育思想：ルネサンス

1．人間の価値の再発見

　ルネサンスとは，14世紀にイタリアで始まった古代ギリシア・ローマ時代の古典文化を再興しようとする運動である。この運動が16世紀に北方ヨーロッパ*1まで広がると，聖書も研究対象として加わるようになった。

＊1　アルプス山脈の北に位置するフランス，フランドル，ドイツなどの諸地域。

　活版印刷術が発明される前の中世において，あらゆる古典作品は手写しによって伝えられ，1000年という長い年月を経て紛失，あるいは改変されていった。ルネサンス期に活躍した人文主義者（ヒューマニスト）は，中世では書簡記述者・写字生という立場であったが，写本を単に書き写すだけでなく，よりよく書こうとする修辞学的関心をもって古典研究を行うようになった。彼らは，「源泉に戻れ」をモットーに批判的精神をもって写本の真偽を検証し，原典（オリジナル）を探し求め，何がどのように書かれていたのかを研究した。また古典作品を通じて，神中心の中世とは異なる新しい世界観・人間観を再発見したのである。

　イタリア人のペトラルカ（Francesco Petrarca：1304-1374）から，『エセー』（1580年）を執筆したフランス人のモンテーニュ（Michel Eyquem de Montaigne：1533-1592）まで，多くの人文主義者たちが人間の本性に関心を払い，人間らしい生き方を探究した。また彼らの中には人間らしい学びとは何かを論じる者もいた。

2．エラスムス

　オランダ生まれの**エラスムス**（Desiderius Erasmus：1466-1536）は，「キリスト教的人文主義者」と呼ばれている。主著の一つ『格言集』（1500年）は，ギリシア・ローマ時代の格言や聖句を800以上（最終版は4000以上）集めたものである。彼は，キリスト教誕生以前の古典作品に示される道徳的教えとキリスト教の教えは合致し，これらの言葉が人々の生き方の範になると考えた。また当時の一般的なラテン語訳聖書とは異なる，ギリシア語原典にまでさかのぼった新しい聖書を世に出し，カトリック教会関係者に対し，本来のキリストの教えに立ち返るべきだと批判した。

エラスムス肖像画

　教育に関する著作としては『学習の方法について』（1512年）や『子どもの教育について』（1529年）がある。エラスムスは，古典作品を通じて豊かな教養を身につけ信仰深く生きる，学識と信仰を兼ね備えた人間の育成をめざし，古典語教育を重視した。また，家庭においては幼い頃から良い習慣と基礎的な知識が必要であると説き，学校においてはムチや罵声の代わりに愛情をもって子どもを褒めること，学習の中にゲーム（遊戯）を

取り入れることなど，子どもの尊厳を認め楽しく学べる工夫を求めた。さらに子どもたちには自分たちの頭で考え学んだことを整理しまとめるよう，従来の暗記中心の教育とは異なる画期的な学習方法を提唱したのである。

　1509年，エラスムスの考えに共感した聖パウロ教会首席司祭のジョン・コレット（John Colet：1467-1519）は，ロンドンに聖パウロ学校を設立した。この文法学校では，古典語に精通する敬虔な教師の下，子どもの主体性を重視した教育が行われた。子どもたちは，段階的に無理なく古典語学習を進めることができ，知性あふれるラテン語の読み方，書き方，話し方を習得するとともに，キリスト教徒としてのあるべき姿を学んだ。聖パウロ学校には，大法官トマス・モア（Thomas More：1478-1535）の息子をはじめとする都市の有力市民の子弟が多く通い，後続する人文主義学校のひな形となった。

3．ルター

　ルター（Martin Luther：1483-1546）は，ドイツの神学者である。当時，カトリック教会は，人々が免罪符を買うことで罪が赦されるとしていたが，彼は教会の免罪符販売に抗議し，1517年，ヴィッテンベルク城内にある教会の門に「95箇条の提題」を掲示した。これを機に宗教改革が始まり，プロテスタントが生まれたのである。ルターは，人々は救いを得るための「善い行い」によってではなく，聖書の言葉に基づく「信仰」によってのみ救われると考えた。そのため，すべての人々が聖書を手に取って読めるように，ギリシア語聖書から日常語であるドイツ語訳にした聖書を出版したのである。このことから宗教改革は「エラスムスが卵を産んでルターがそれを孵した」と言われている（しかし，エラスムスは退廃した教会内部の刷新を願ってカトリックに留まった点ではルターと異なる）。

ルター肖像画

　教育的著作としては，『ドイツ全市の参事会員に宛てて，キリスト教的学校を設立し，維持すべきこと』（1524年），家庭向けのキリスト教入門書である『教理問答書』（1529年），「子どもを就学させるべきことについての説教」（1530年）がある。彼は，個々人が聖書との直接対話によってもたらされる神の教えに従って，天から与えられた務めを自覚し，日々の仕事を通して神の恵みに応えられる人間の育成をめざした。そのため，世俗の市当局に対し，カトリック教会に代わって学校の設立・管理・運営を行う義務があるとし，家庭に対しては，性別にかかわらずすべての子どもを学校に通わせる責任があるとした。また，あらゆる階層の子どもたちが聖書を直接読めるように，中等・高等教育だけでなく，母国語を教える初等教育の重要性も指摘するなど，今日の義務教育につながる学校制度を提唱したのである。
　　　　　　　　　　　　　　　　　　　　　　　　［大川なつか］

4.2 17世紀の教育思想：コメニウス, ロック

1. コメニウス

コメニウス肖像画

コメニウス (Johannes Amos Comenius：1592-1670) は，チェコのプロテスタントの牧師であり，「近代教育学の父」と呼ばれている。彼が生きたのは，1618年に宗教戦争が勃発し，旧教と新教が激しく対立した時代だった。彼は戦禍に見舞われ，故国を追われる中で，争いの原因は互いの無理解から生じる無知にあると考え，教育によって平和な世界を築こうとした。

コメニウスによれば，人間は生まれながらに，学識・道徳・信仰の3つの種子を持っており，それらは教育によって開花させることができると考えた。「あらゆる人にあらゆる事柄を教授する普遍的な技法を提示する」との言葉で始まる，主著『**大教授学**』(1657年) では，教育目的，教育内容，教育方法，教育制度を体系的に論じ，貧富，性別にかかわらずすべての人があらゆる事柄を等しく学ぶための考えを示した。たとえば，1歳から6歳までを母親学校（家庭教育），7歳から12歳までを母国語学校（初等教育），13歳から18歳までをラテン語学校（中等教育），19歳から24歳までを大学（高等教育）とする単線型の学校制度案である。当時，この考えは実現しなかったが，後の学校改革に示唆を与えることとなった。他にも，合自然の原則にしたがって学習は簡単なものから難しいものへと系統立てて進める，法則を教える前に実際の例を教える，効率よく子どもたちが楽しく学べるように個別でなく一斉に教授する，実際の生活に役立つものを教える，など多くの案が示された。

また，コメニウスは『世界図絵』(1658年) も著している。これは，初の子ども向けの絵入り教科書であり，内容は百科事典に近いものとなっている。たとえば，「大地」の章には，「大地の上には高い山[1]，深い谷[2]，小高い丘[3]，くぼんだ洞窟[4]，平らな畑[5]，暗い森[6]があります」という説明とともに，番号の付いた図絵が載せられている (図4.1)。視覚という感覚に訴えることで，幼い子どもでも興味をもって学べるようになっている。

図 4.1　コメニウス『世界図絵』「大地」の章
Comenius, *Orbis sensualium pictus* (VIII, Terra).

　コメニウスは，あらゆる事物は秩序をもって互いに連関し，神の下で一つの体系にまとまっていると考えていた（汎知主義）。学識・道徳・信仰の３つの種子を持っている子どもたちが，あらゆる事柄を同じ方法で学ぶことによって，ともに理解し合い，争いのない世界を構築できると期待したのである。

2. ロック

　イギリスの哲学者である**ジョン・ロック**（John Locke：1632-1704）は新興の上層中産階級（ジェントリ）出身で，二度の市民革命を経験するなど激動の時代を生きた。この階級は，大地主とは異なり，代々受け継がれてきた地代収入に安住することなく，自らの力で富や地位を築き上げていった人々である。彼もまた，絶対的な力をもつ王や教会といった既存勢力から自分たちの権利を守るため，法と秩序に基づいた新たな社会の在り方を要求した。そこには，権威に縛られず自由で自律した人間の姿があった。

ロック肖像画

　ロックは，人間の精神は「白紙」(tabula rasa) の状態で生まれてくるとし，子どもを型に流し好きな形に作り上げられる蜜蝋のような存在だと捉えた。すなわち，生得的なものを何ももたない人間が将来どのようになるかは，生まれた後でどのような経験をしたかで決まり，教育こそが人間形成に大きな役割を果たすと考えた。

　『教育に関する考察』(1693 年) は，ジェントリ層向けの教育論である。彼は，礼儀正しく教養にあふれ，徳を有し，実務的能力を発揮する紳士の育成をめざした。そのために，身体・徳性・知性への教育が必要であるとした。医師でもあったロックは，幼少のうちから身体の鍛錬をするべきであるとし，厚着をさせない・戸外活動を増やすなど，子どもに気づかれないよう少しずつ環境を変え，習慣化させることが大切だと述べている。また徳性については，神への祈りとともに，欲望や本能を抑制し理性に訴えかけることで反省を促すことが大事であるとした。そして知性については，実学的知識を含め幅広く学ぶ必要があると説いたが，知識の習得そのものよりも，理にかなった判断を下すための思考力の形成を重視した。なお教師に対しては，単に知識を教え込むのではなく，学ぶことの楽しさや学びへの興味を喚起させるような指導をするべきだと述べている。

　ロックはまた，労働者階級向けの『労働者学校案』(1696 年) も著した。そこには，給食という形で食事を提供する労働者用の学校を設立し，３歳から 14 歳までの貧しい家庭の子どもたちは必ず通うこととされ，糸紡ぎといった職業訓練と宗教教育を行うことなどが述べられている。彼は国家の繁栄を願うジェントリの立場から，一定の技能と勤勉な態度を身につけた従順な労働者の育成をめざしたのだった。　　　　　　　［大川なつか］

18～19世紀の教育思想：近代教育思想の巨人, ルソー, ペスタロッチ, フレーベル

1. 近代教育思想の特徴

　近代教育思想の契機として挙げられるのは何といっても市民革命である。それまでの絶対王政時代の階級制度を廃し，すべての人間はあらゆる状況下に置かれても皆平等であるとする考え方のもと，自由と平等を掲げ，今日あるべき市民社会の基礎を形作った。これは当時粗末な扱いを受けてきた子どもに対する新たな発見を生み，後のすべての子どもが受けられる教育の実施へとつながる。

2. ルソー

ルソー肖像画

*1　その他の著書として『人間不平等起源論』(1754年)，『新エロイーズ』(1761年)，『社会契約論』(1762年) 等がある。

　1712年，スイスのジュネーブで生まれた**ジャン゠ジャック・ルソー** (Jean-Jacques Rousseau：1712-1778) *1は，『学問芸術論』(1750年) の執筆を機に活躍した教育思想家である。彼は本来あるべき自然のもと (自然法) で育つべきなのが子どもであると唱えた人物で，本来あるべき手段で子どもは教育されるべきであるとする新たな「子どもの発見」を提唱した。ルソーは著書『**エミール**』(1762年) の中で以下のように子どもに対する定義を定めている。

1. 子どもは小さな大人ではない。
2. 子どもには子ども時代という固有の世界がある。
3. 子ども時代には大人に近づけるのとは違った意味での，子ども固有の成長の論理がある。
4. 成長の論理に即して手助けすることが教育である。

　ルソーは，子どもというものは造物主＝神の手から出たときは善であるが人間の手に渡ったとき，あるいは社会やその中の文化に染まっていくことで悪になると述べている。つまり人間は生まれたときは善であり，成長していくと欲望が生まれ，不平等や不合理が生まれ，いつの間にか堕落していくとしている。このような状態を脱するためにルソーは「消極教育」の必要性を説いている。消極教育とは，いわゆる子どもたちに文化や文明を前もって教えないということを意味する。ルソーは文明や文化を先んじて教えてしまうと人間は堕落してしまうという信念をもっているため，それらを排除することで，子どもが堕落し，悪の道へ入り込むことを防ぐことが可能であると説いた。

　消極的であるべきだというのは，「人間がいつ何を学ぶべきなのかは，

予め自然によって決められている」というルソーの自然思想に由来している。彼は，自然は変えようがないので，教育者は子どもの中に宿る自然の法則に合わせて，何をいつどう教えるかを決めていかなければならないと述べている。したがって，消極の意味には「子どもにまったく手を下さず，なにも教えずに見守っておく」ということではない。子どもが内なる自然に導かれて伸びようとするとき，何かを学ぼうとするとき，彼の成長が歪められないように見守ってやることが大切である。そして，大人はそこから少しだけ子どもの手助けをしてやることであると説いた。

　またルソーは，考える力＝理性を育てる前に，感覚器官をしっかり育成すべきだとした。つまり３歳までに感覚器官を鍛えることで，そこから情報を得て，人間の精神の中に知識を獲得させていくことが自然から与えられた順序であるとした。このルソーの考え方は，後に人間の経験，感覚器官から情報・知識が得られ，そのことから人間は誰でも能力や理性をもち，正しいことを自分で考えることができるという幼児教育の基礎となる理論につながった。

　その後，得られた自己の感覚器官を通して外部から獲得した情報について考えさせる教育理論へと展開していく。

3．ペスタロッチ

　すべての人間に内在している能力を目覚めさせ，伸ばしていくことが教育であると唱えたのが**ヨハン・ハインリッヒ・ペスタロッチ**（Johann Heinrich Pestalozzi：1746-1827）[*2]である。彼が生きた時代はフランス革命や農村マニュファクチュア参入等により，多くの民衆が精神的・経済的に衰退していた時期であった。当時彼は孤児院を開くなど貧民の子どもを引き取り，集団生活をさせていく中で自らの教育観が醸成されることとなる。こうした経験をもとに，子どもの本性をよく理解し，人間のあらゆる能力と自然の力で調和的な発達をもたらす教育を提唱した。

ルソーの影響を受け継いだ教育観

　ルソーの影響を受け継いだペスタロッチの教育観は，自然の法則を理解することと，その理解に従った子どもの調和的な発達を促すことであった。また，自然の環境の中での教育を重視し，一人ひとり子どもの個性を尊重しながら，それが損なわれることがないような教育のあり方を模索した。ペスタロッチの教育目標は，人間本性の内的諸力を純粋な人間の知恵にまで全般的に向上させることであった。ここには彼の教育の根源である，日々の生活が人格を形成していくのだとする「生活が陶冶する」という考え方が反映されている。

　この内的諸力は，「精神力」，「心情力」，「技術力」の３つに分けられ，それらが調和的に発展することによって教育目標が達成されるとされた。

ペスタロッチ肖像画

*2　主な著書に『**隠者の夕暮**』（1780 年），『**シュタンツだより**』（1799 年），『**ゲルトルート児童教育法**』（1801 年）などがある。

またペスタロッチはこの内的諸力には人間愛という基本原理が存在しているということを説いた。その理由の根源は以下の2つに集約される。

　その第一は，民衆の貧困を食い止めることである。彼によれば，貧困の源泉になっているものは，民衆に「自活していく能力」が身についていないことであり，子どもたちに自活していける力を身につけさせれば，貧困の源泉をせき止めることができると考えた。

　第二は家庭の建て直しである。当時，産業革命に伴って，急激に貨幣経済が発展したことによって，伝統的な農村社会の荒廃が起こってしまう。これによって農民の生活を窮乏させる悪循環が生じたが，こうした悪循環を断ち切るためにペスタロッチは，自活のための技能を教育によってつけさせることが急務であると考えた。その基盤となるのは家庭であるとした。そこでペスタロッチは家族を単位とした父母による家庭教育を重視した。

　こうした彼の思想は，人間が本来生まれながらの愛と意志によるものから生じ，民衆の思想を取り入れたものであることからその後の民衆教育思想の元となったフレーベルやヘルバルト，オウエンなどに影響を与えることとなった。

4. フレーベル

フレーベル肖像画

ドイツをはじめ，全世界に幼稚園が存在するのは，**フリードリヒ・フレーベル**（Friedrich Wilhelm August Fröbel：1782-1852）が1840年にブランケンブルクに世界初の幼稚園（キンダーガルテン）を開設したことから始まる。

　彼によって広められた幼稚園思想は1851年にプロイセン政府によって一時中断されたが，その後マーレンホルツ・ビューロー夫人等によって蘇り，幼稚園の設立が各地で行われていくようになった。

　幼稚園の創始者ともいわれるフレーベルは，思い，考え，悩むなどの思考過程を心的なものとみなし，それを人間の中に教え込もうとした人物として有名である。フレーベルは，子どもの本性は善であり，それが「自然のままに」成長することが必要であり，また，許されるべきであると述べた。こうした彼の幼児教育思想は彼が作り出す幼稚園の定義にも反映している。

　以下では幼稚園設立の基礎となっているフレーベルによる学校の定義，そして子ども観，教育観について概観する。

(1) フレーベルによる学校の定義

　彼によれば「学校」とは「園庭」であり，学校の運営は，国家的な統制などではなく，園庭を管理するように行われるべきであるとした。また教師は庭師が花の世話をするように子どもの成長を可能にし，手助けする者

であると定義し，そのような教師の世話によって初めて子どもの個性が十分に尊重され，伸ばされていくと主張したのである。

（2）フレーベル独自の子ども観

しかし，フレーベルは子どもが単に個人としてばかりではなく集団の一員であるということも強く認識させようとした。彼は，ルソーのように子どもを社会と切り離して成長させるのではなく，社会の一員として，子どもが社会に適応できるように手助けすることも重要なことだと考えていた。

また，子どもの人格の成長にとって，個人的な体験と社会的な体験の両方が必要だと主張した。この主張こそが，家を離れて別の空間に子どもを預けることによって，さまざまな体験をさせる幼稚園をつくるきっかけとなった。

（3）フレーベルの教育観

では，そこにはどのような教育観が存在しているのであろうか。フレーベルの教育には，個人の能力や人格的な発達とその成長の評価の両方が必要であり，その評価は，その社会的な役割によって下されるという。したがって社会を無視しての子どもの教育は，かえってその子どもを損なう危険性が大きいと述べている。

そのため，フレーベルは，社会参加と集団作業を彼の学校で実践したが，その始まりは，まず一日の始まりの時に子どもたちが集まり，それぞれ隣の子どもの手を握って輪を作って集まることであった。この輪は集団の団結の象徴であり，それから輪を崩して，子どもたちはそれぞれバラバラになるか，少人数になって遊んだり，作業をしたりする。そして，一日の終わりに再び輪が作られるのである。

フレーベルは遊びとしての創造的な活動の積み重ねによって，やがて勤勉に労働へと向かう人間性が育まれると考えた。

こうしたフレーベルの教育観は今日のドイツでの幼児教育の基礎となっているだけではなく，日本を含めた世界中の幼稚園で実践されている遊びを中心とした生活習慣の形成という形で現在も受け継がれている。フレーベルの教育思想は，その後の幼児教育に大きな影響を与え，今日，世界の至るところに幼稚園が設立されていく契機となった。　　　　　[高橋洋行]

4.4 公教育形成期の思想(1)：コンドルセ, ヘルバルト

1. コンドルセ

コンドルセ肖像画

フランスでは，市民革命によって，国民主義の内容を前提としたフランス憲法が制定されている。とくに公教育制度を整えられ，あらゆる市民に教育を与える環境づくりが必要であると憲法に記されることとなった。**コンドルセ** (Nicolas de Caritat, marquis de Condorcet：1743-1794) はフランス革命後，代議士となり，公教育委員会の委員長に就任し，フランスにおける公教育制度の確立をめざして尽力した。

近代公教育制度の基本原則を示した公教育案，いわゆる「**コンドルセ案**」において，彼はすべての人間は自分で考え，判断することのできる能力を秘めていると唱え，自律的市民の育成をめざし，自由で平等な社会の実現をうたった画期的な教育制度を提唱した。

コンドルセの思想には，当時，キリスト教による就学の強制，および教会公認の知識強要からの解放と個々人の学ぶ自由と教える自由の権利を獲得するという思いがあった。

コンドルセの公教育案は，以下のような特徴をもっている。

(1) 自然権に基づく自由と権利の主張

コンドルセによると「人間は万人が教えられる権利を有し，また教える権利も有する」という。当時は政治的，宗教的な抑圧の最中，自分の子どもに教育を施すことが許されていなかったことからこのような主張がなされた。また個々人の思想の自由を保障することで，知識や発想が促され，社会全体が進歩を遂げると説いた。

(2) 国家による教育の義務

さらに国民全体に平等な身分が保障される社会づくりをめざすため，国家に特権階級の廃止と民主主義に基づく教育の提供を義務づけた。公平公正な教育を保障することにより，貧富の差が生じることを防ぎ，社会を発展させていく市民の資質を育成することこそが原点であると説いた。

(3) 教育の機会均等と教育の中立性

コンドルセは単線型学校教育制度の普及を訴え，また貧富の差や性差による教育の不平等を無くすため，無償制と奨学制度の普及，および男女共学の制度を唱えた。また教育そのものが特定の偏った方針，あるいは不合理な思想に陥ることがないよう，政治的，道徳的，宗教的な要素を排した教育的中立性をめざし，知育を中心とした教育法案を構想した。

2. ヘルバルト

ルソー，ペスタロッチ，フレーベル等は，近代教育思想の基礎を位置づけた重要人物であるが，**ヘルバルト** (Johann Friedrich Herbart：1776-1841) は彼らが提唱した教育思想に科学的根拠を与えることで，実証主義的学問体系としての**教育学** (Pädagogik) を樹立した。彼は『教育学講義綱要』(1835 年) において，「科学としての教育学は，実践哲学と心理学に依存する」と述べており，この 2 つの学問とともに「道徳的品性の陶冶」を教育目的と定めた。これは，内心の自由，完全性，正義，公正，善意の5 つのから成り，ヘルバルトの教育を基礎づける要素となっている。

ヘルバルト肖像画

道徳的品性の陶冶に向けて，ヘルバルトは主著『一般教育学』(1806 年) において，教育と教授の深い関連にその実現を求めている。彼は子どもが学習対象や学習課題に魅力を感じ，意欲的に追究していく「態度」を培っていくことが教授の使命であると考え，その精神的興味を「思想圏」と呼び，思想圏の形成を任務とする「教授」を体系化したのである。これは彼が理想とする道徳的品性の育成と知識の獲得を結びつける重要な概念である。

この精神的興味を教授法の根幹に据え，体系化したのが **4 段階教授法**である。

表 4.1 段階教授法の分類とその意味

明瞭（静的専心）	個々の事物を明瞭に習得する段階
連合（動的専心）	一の専心より他の専心に移り，概念の連合を生ずる段階
系統（静的致思）	事物の関係を究め，系統を立てる段階
方法（動的致思）	系統に基づき新事項を発見し，系統を応用する段階

ヘルバルトは，教授の過程において，人間が物事に没頭していく「専心」と，それによって獲得した対象のイメージを頭の中で確立していく「致思」を確立した。そこに「静的なもの」と「動的なもの」の二面性を表し，教授の進め方として「明瞭・連合・系統・方法」という 4 段階を主張した。この 4 段階の教授法を経過することによって，ヘルバルトは教授によって知り得た知識に道徳的品性が備わることを理想とした[*1]。

[高橋洋行]

*1 ヘルバルトの学説は世界に影響を与え，ヘルバルト学派（ツィラー，ライン）が誕生した。日本には，公教育の制度化が急務であった明治期に，ラインの 5 段階教授法（予備－提示－比較－総括－応用）が伝わり当時の教育界に大きな影響を与えた。

公教育形成期の思想⑵：各国の教育思想

1．ヨーロッパにおける公教育制度の成立と思想的背景

　19世紀後半には，ヨーロッパの各国で，公教育制度を確立しようとする動きが活発になった。近代的な国民国家の建設，そのための国民育成という大義のもとに，宗教（教会）から独立した科学的な見地に立った教育体制の確立が進められた[*1]。伝統的な特権階級を退け，階級差の区別なく全国民に教育を受けさせるという施策は，国民に一定の知的水準を保証するものであるとともに，富国強兵のための国民育成を目的としたものでもあった。たとえば，学校教育による言語の共通化は，精神的な面で国民を統一し，愛国心を養うことにも役立った。近代公教育制度成立期の教育思想を学ぶことにより，民主主義の黎明期における教育ビジョンがどのようなものであったかを捉えてほしい。

*1　3.2 を参照。

2．フランスの教育思想

　フランスにおいては，非常にはっきりとした形で，教育と教会権力との分離が進められた。第三共和政[*2] の成立とともに始まったこの施策は，公教育相のジュール・フェリー（Jules Ferry：1832-93）によって推し進められた。フェリーは，宗教教育は家庭と教会に属し，道徳教育は学校に属するとして，宗教教育による「信仰」と学校教育による「知識」を区別したうえで，学校教育は，知識の伝達だけではなく，国民的な徳育も行うものとした（伊達 2010：213）。強大な権力を有するカトリック教会からの教育の分離という計画は大きな反発を受けたが，1881 年から 1882 年の間にフェリー法が制定され，無償・義務・ライシテ（laïcité）[*3] の三原則に基づく公教育制度が成立した。しかし，学校からの教会権力の排除は，宗教による道徳教育を，世俗道徳へと切り替えることを意味する。

*2　第二帝政後（普仏戦争敗北後）に成立した。1870 年から1940 年。ナチス・ドイツに敗れて崩壊。

*3　ライシテという言葉は，日本語では「非宗教性」とか，「世俗性」などと訳され，フランス特有の歴史的背景とともに使用される語である。

　この時，宗教に依らない世俗道徳論を打ち立てたのが**エミール・デュルケーム**（Émile Durkheim：1858-1917）であった。デュルケームは，実証主義社会科学の樹立に貢献した人物で，フランス社会学の祖と呼ばれている。彼の道徳理論の骨子は，集合体としての「社会」が道徳の保護者として個人の行動を厳格に規制するというものである。ともすると，集団主義と受け取られかねない彼の思想は，人格の相互承認を基盤とした道徳的連帯を主張したものであり，これこそが，行き過ぎた利己主義を抑制し，アノミー[*4] を防ぐとされた。彼の道徳論は，実証主義的社会科学に立脚したものではあるものの，人間の知性としての聖性（宗教性）を否定するものではなかった。

*4　私利私欲を満たす行為が道徳的行為よりも優先されることにより，社会が無規制状態となること。

3．イギリスの教育思想

　イギリスでは，産業革命によって，大量の低賃金労働者が雇われるようになる中で，低年齢の子どもたちが低賃金で労働者として使用される状況が生まれた。**ロバート・オウエン** (Robert Owen：1771-1858) は，子どもの人権と学習権を確保するために，低年齢の子どもの雇用や長時間労働を禁止し基礎的な学習を保証する「工場法」を制定するように要求した。その結果，工場法は 1802 年に制定された。オウエンは子どもの頃の環境が，その子どもの人格形成に影響するとして，性格形成学院 (Institution for the Formation of Character) をつくって教育活動に取り組んだ。イギリスにおいては，パブリック・スクールという古い歴史を有する富裕層のための学校はあったものの，庶民を対象とした学校としては，キリスト教の慈善事業の一環としての慈善学校のみであった。産業革命以降，働く子どもたちに学習の機会を与えるための日曜学校や，労働をしていない子どもを対象とした助教学校が民間団体の手によって行われた。

4．ドイツの教育思想

　19 世紀初頭，プロイセンにおいて内務省内に公教育局が設けられ，その初代局長にフンボルト (Wilhelm von Humboldt：1767-1835) が就任した。彼のもとで，ペスタロッチの思想を基盤とした「人間性の教育」という理念が提示されたものの，この教育理念は長続きすることはなく廃案となった。1872 年に公教育が成立し，学校と教会が分離されたが，学校での宗教教育は残された。当時の資本主義経済の発展は，労働者階級の政治意識を高め，ドイツ帝国首相ビスマルク (Otto E. L. von Bismarck：1815-98) は，労働運動を弾圧する政策をとるようになった。民衆教育に対する反動政策も強められ，宗教教授が強化されたことにより，教会による学校教育への支配も復活した。学校教育は，もっぱら，富国強兵の実現を目的とした国家に忠実な臣民を育成するためのものとなり，厳酷で画一的な教育が行われたために，「強制学校」「懲罰学校」とも呼ばれていた。このような教育に反対したオットー (Berthold Otto：1859-1933) は，「子どもから」という言葉を用いて，子どもの自発的な教育活動を重視した。子どもの興味は未分化で，教科を分類することよりも興味を持ったテーマについて話し合うことが大切であるとして，「合科教授」を提唱した。リーツ (Hermann Lietz：1868-1919) は，全寮制の田園教育舎を設立し，教科学習，労作，遊び，自治活動に基づく全人教育をめざした。また，ケルシェンシュタイナー (Georg Kerschensteiner：1854-1932) [*5] は，労作活動を教育に活かし，共同作業を通した社会性の育成を重視した。　　[平田文子]

＊5　pp.64-65 を参照。

4.6 新教育の思想と運動

1. 新教育運動の目的

　欧米各国において18世紀末より公権力によって設立・拡充されてきた学校教育制度は，19世紀末に至り，就学年齢の子どものほとんどが学校に通う段階に達した。その主たる目的は国家・社会の発展に置かれ，大人が定めた学習内容・学習方法・学習順序に沿いながら，子どもは独学では扱いきれないほど多分野の知識・技術を難易度順に学習していた。だが，制度の拡充が一人の教師による多数の子どもの教育という一斉教授のしくみの下になされたことにより，子どもたちの獲得する知識は質よりも量に重きが置かれ，また各人の個性が尊重される余地はほとんど見出されなかった。

　このような課題に対し，欧米を中心とする各国において従来の在り方を変革する動きが現れた。教師が一方的に子どもの実生活から離れた知識・技術を教授する在り方から，子どもの興味・関心・生活環境に基づく学習へと移行すべきことが主張されたのである。一連の動きは，欧米を中心に後にアジアにも広がりを見せるなど，同時代的な学校教育の変革に結びついていった。実際には多様な教育理念・実践が示されたが，旧来の学校教育の在り方を変革する共通点から，総称して**新教育運動**[*1]と呼ばれる。

*1 「新教育」の目的を子どもの能動的な学びに見出すならば，広い意味ではアメリカの「進歩主義教育」や日本の「大正自由教育」も含められる。

2. 新教育運動の時代性

　新教育運動の表れの一つとして，まず初めにスウェーデンの社会思想家**エレン・ケイ**（Ellen Key：1849-1926）の思想を確認しておく。ケイは，19世紀を「女性の時代」としたうえで，来るべき20世紀は「子どもの時代」になると主張した。基本的にその思想は子どものもつ自然性の尊重に貫かれ，子どもを善悪いずれかに偏った存在とみなすのではなく，善も悪も為すがやり方次第で悪は乗り越えられるという見方に立つ。子どもを本来的に善とみなす思想は一時代前のルソーやペスタロッチの子ども観・社会観に近いものがある[*2]。

*2 ルソー，ペスタロッチについては4.3を参照。

　では，子どもはなぜ悪を為してしまうのか，どのようにすれば悪は抑えられるのか。ルソーに倣いその主たる理由を子どものもつ自然性に見出すケイは，とくに幼少の時期には子ども自ら発言や行いを自制することが困難であることを受け止めたうえで，次のように述べる（ケイ 1979：192）。

　　子どもたちが何も言われなくても，自分の周りで善がおこなわれているのを見れば，善をおこなうことを学び，大人が自然の美や芸術の美を鑑賞するのを見れば，その鑑賞を学ぶ…。

　実際の世界には善も悪もある以上，周囲で悪が行われている場合，子どもがそれを見て悪を行うことも十分考えられる。だがこの引用箇所において，ケイがその点を重く受け止めている様子は認められない。それは，ケイが子どもを善も悪もなすがそれでも少しずつ善に向かっていく存在と捉えているからである。

　このような大人（人間）観をケイが有した理由として，彼女の生きた時代状況の影響が大きかったことが推察される。ケイが活動を行った 19 世紀末から 20 世紀初頭は，ダーウィン（C. R. Darwin）の進化論が教育・社会思想を席巻した時代であった。大人は周囲の状況に自身を適合させながら発展し続ける存在として，社会もまた諸問題の解決の下に改良し続けるものとみなされた。大人および社会は現在の状態から次第に発展ないし改良されていくのだから，それらと関係することで子どももまた肯定的な変化を遂げていくというのがケイの思想の中心にある[*3]。大人（教師および親）や社会が自らを改め続けるものである以上，子どもを決まった枠に当てはめようとする従来の学校教育の在り方は全面的に否定されることになる。

　新教育運動には多種多様な理論と実践が含まれるが，子どもの個性を尊重し，従来の学校教育を変革する点では共通している。ケイの思想もまた新時代の動向に依拠しながら子どもや女性の権利を見出すものであった。当然そこには特殊な一面も存在する以上[*4]，新教育運動はその共通性と個別性を分けて把握していくことが必要である。

3．新教育運動の多様性とその後の影響

　1920 年代にピークを迎えた新教育運動は，子どもを学習の中心に据え，その個性を尊重する子ども観・学習観の点で大まかな共通性が見出されるものの，実際には各人によって異なる思想と実践が構想・展開された。半ば無理のある区分けではあるがその多様性を示したうえで，同運動のその後として「教育の科学化」をめぐる研究の動向について取り上げる。

（1）資本主義経済体制への批判：ニイルの思想と実践

　イギリスにおける新教育運動を担った人物の一人として，**ニイル**（Alexander Sutherland Neil：1883-1973）があげられる。当時のイギリスでは資本主義に基づく近代化が学校教育に大きな影響を与えていた。すべての子どもが学校に通うしくみが確立していた一方で，その内部は，富める者（支配者）の子どもが通うパブリック・スクール[*5]とその他の者（被支配者）の子どもが通う公立学校の 2 つに分かれていた。ニイルはこれを公教育制度の矛盾とみなし，改革の必要性を主張した。異なる教育方法と教育内容を有するパブリック・スクールの存在が，富める者たちによるその他大部分の者を支配するしくみとして機能してしまうことを批判したのである。

[*3]　20 世紀に起こった二度の大戦等を知る者にとってこれはあまりにも楽天的な見方に捉えられるかもしれない。それだけいっそう進化論の与えた影響が大きかったとするのが大方の見方である。

[*4]　ケイはゴールトン（Francis Galton）の優生学に基づき，子どもの優生思想に結びつく主張を展開した。優れた遺伝子の組み合わせがさらに優れた遺伝子を生むという「種の改良」説に依拠する形で，女性が自由に結婚する権利を認めること，子どもに親を選ぶ権利を認めていくことが，ひいては社会全体の改良につながっていくとケイは考えた。この考え方の基盤には，人間のもつ肯定的な性および子どものもつ自然な素質の開花に対する絶対的な信頼が認められる。

[*5]　支配者層に属する貴族の子どもが通った学校。すべての者が通う公立学校という意味での「パブリック」ではなく，社会の維持と発展を担う公共的財産という意味で用いられる。自律的な学校運営を通じて，子どもたちが下層階級から尊敬される対象となることがめざされた。

　ニイルは，まず初めに子どもを中心とする教育思想を「自由学校」という理念にまとめた後，1924年にそれをサマーヒル・スクール (Summerhill School) として実現させた。「自由学校」という理念は，その名の通り，子どもの自由を認めるものである。たしかにそれは授業出席の自由や試験の廃止という点に表れたが，その「自由」は単なる放任とは異なる。「学校集会」等の設置に基づく学校自治を通じて，子どもたちは民主的な意思決定の在り方を学び，固定化した階級から将来的に解放されることがめざされていたのである。このようなニイルの思想と実践は，資本主義に支配されつつあった社会を改革する視点に基づくものであったといえる。

(2) 受動的な学校教育の変革：フレネの思想と実践

　フランス新教育運動を代表する人物の一人に，**フレネ** (Celestin Freinet：1896-1966) があげられる。フレネは教師による一方的な知識注入型の教育を批判し，その理念を1935年に開校した「フレネ学校」において実践した。

　同校では，教師による教科内容の一方的な説明やその反復練習を中心とする従来の教育から「表現と創造の教育」に転換することがめざされた。その特徴は，①市販教科書の不使用 (子どもの作文を教科書として使用)，②芸術を重視した自由な表現の場の用意，③子ども自身による学習時間割の立案，④個別学習と協同的な学びの併用等に見出される。従来型の知識の暗記を強いる学校教育では，子どもによる自由な表現が重視されていない。フレネは学校印刷所を核とする学校教育体制をつくり上げることにより，表現と関連して，読み・書き・計算といった記号の習得およびその他教科内容に関する学習がなされることをめざした (①②)。そのような学習がうまく進むために子ども一人ひとりのもつ学習リズムや興味・関心が大切にされた (③)。同時に将来ともに社会を担う「市民」を育てるという理念に基づき，異年齢の子どもによる少人数のクラスが編成され，朝の会や帰りの会などさまざまな機会を通じて日々意見交換が行われた。子ども一人ひとりを学びの中心としつつ他者との学び合い・助け合いを重視するフレネ学校の実践は，自律性と協同性双方の獲得をめざすものとして現在もフランスに一定の広がりを見せている。

(3) 職業教育と公民教育の結合：ケルシェンシュタイナーの思想と実践

　ケルシェンシュタイナー (Georg Kerschensteiner：1854-1932) は，ミュンヘンを中心とするドイツ各地の学校で教鞭をとった後，同市の教育委員として学校の改善に携わった。その中心的課題は，職業教育と公民教育の実践にあった。民主的な政治がなされることをめざしつつ，その実現に至る具体的な制度の構築が必要であると感じていた。当時各地の学校に広まっていたヘルバルト派の教育観・教育方法では大多数の子どもが将来行う生活の実態に合わないとみなし，独自の作業教育論の構想・実践が展開

されていった。それは，遊び，作業，栽培，飼育，実験，経験を通して，学習と日常生活との結合および仲間との協力による公民的資質の獲得をめざすものであった。それらの諸活動が子ども相互の協力の下になされたこと，およびその活動のための時間が知識教育とは別に設けられたことが特徴として認められる。後に行政官として実行されたさまざまな改革はミュンヘンを作業教育の中心地として知らしめるなど，ケルシェンシュタイナーは思想・実践の両面でドイツ新教育運動の一翼を担った。

(4) 全人格的教育の志向：リーツとシュタイナーの思想と実践

　リーツ (Hermann Lietz：1868-1919) は，ドイツに田園教育舎学校を創設し，知識の教授を中心としない人間の性向・能力すべて（人格）にわたる教育をめざした。その特徴は，①都市から離れた自然の豊かな町に設立された学校において，②体操や散歩，遠足，音楽，スポーツなどの諸活動を，③他の子どもおよび教師と共同生活して行う点にある。リーツの創設した田園教育舎は子どもによる共同体の自治をめざすものであったが，その後いくつかの系統に分離していく中で具体的な方針と実践は多岐にわたっていった。

　シュタイナー (Rudolf Steiner：1861-1925) の思想は，1919 年に設立された「自由ヴァルドルフ学校」で実践された。一斉指導を認めるシュタイナーはときに新教育運動家からも批判されるが，その新しさは教育方法や学習形態ではなく，子ども観・人間観に表された。政治と経済に支配された学校教育の現状を批判し精神と文化を重視する立場から，教師の役割を子どもの本質の把握に，国家の役割を各人の「自由」が成長するための基盤整備に見出した。反復練習やヘルバルト派の教授法は画一的で子どもの本質の把握に至らないと批判し，子どもが自らの素質の把握と内的発展を通して「自由な存在」に至るという理念を示した。それは学校教育から除外された宗教的・精神的人間観を重視する人智学に基づくものであった。

(5) 新教育運動のその後：「教育の科学化」の揺り戻し

　新教育運動に共通する視点として「教育の科学化」があげられる。18世紀中葉に哲学からの独立を開始した心理学が教育と結びつきを強めるなか，ヘルバルト派はその実証性に疑義が示されていく。その一つの結実として登場したのが児童心理学である。とくに**ピアジェ** (Jean Piaget：1896-1980) [*6] は特定の子どもに関する徹底的な観察に基づく実証研究を行い子ども一般の諸特徴を導き出した人物として知られる。教育の科学化はさらに多数の子どもに対する量的調査を行い子どもの諸能力の数値化を行ったものの，これは新教育運動で志向された子どもの個性の把握には結びつかなかった。そのため他方で精神分析学等の成果をもとに子どもの内面に関する質的把握がめざされていった。　　　　　　　　　　[宮本浩紀]

*6　20 世紀最大の発達心理学者。初期には子どもにおける言語と推理の関係について，その後知能の起源や認識の発達に関する研究を行った。とくに，子どもの思考に「前論理的」側面を認め，子どもと大人を分ける論を展開したことは，その後の教育研究・実践に多大な影響を与えた。

デューイと経験主義の思想

1. 19世紀後半のアメリカにおける諸問題

　19世紀後半のアメリカには主に3つの問題が存在した。第一に，1861年から65年まで続いた南北戦争の主因である黒人への差別意識があげられる。リンカーンの奴隷解放により黒人は法的には社会的・経済的自由を認められたが，いまだ残る差別意識は国としての一体化を妨げていた。第二に，19世紀末以降における南欧・東欧からの大量移民があげられる。移民の増加は都市の治安悪化や住民間の過剰な経済格差という問題を生じさせていた。第三に，19世紀末における大規模機械工業の進展があげられる。急速な工業化は，従来の主産業であった農業のみならず都市の住環境を変質させるなど，住民の衣食住のすべてを変えるものであった。

　とくにこの三点目は，巨大企業による資本の独占／政治的支配といったアメリカ社会全体に関わる構造的な問題を背景としていた。20世紀に差しかかった頃，これらの問題に関する解決策として，一つには人々の諸権利の回復をめざす政治上の動きが，またもう一つには新しい学校の設立およびその先にある学校教育制度の刷新という教育上の動きが現れた。19世紀の後半（とくにその末葉）以降，産業，交通，運搬，金融，そして教育に多大な影響を与える資本主義経済への対応が検討され始めたのである。

2. 民主主義社会の実現に資する学校教育の構想

*1　教育に関する主な著作に『**学校と社会**』（1899年），『**子どもとカリキュラム**』（1902年），『**民主主義と教育**』（1916年）がある。

　アメリカを代表する哲学者・教育思想家である**デューイ**[*1]（John Dewey：1859-1952）は，差別・移民の流入・経済格差・産業構造の変化といった問題の先にアメリカ社会の分裂を見出した。デューイが生涯重視した視点として民主主義社会の実現があげられる。「社会」を「共通の線に沿い，共通の精神において，また共通の目的に関連してはたらきつつあるが故に結合されている，一定数の人々」（デューイ 2004：25）と捉えたデューイは，民主主義社会の実現に資する学校教育をいかに構想したのだろうか。

(1) デューイ・スクールにおける学校教育の変革

*2　デューイ・スクールのように従来の内容・方法と異なる教育実践を行う学校は「実験学校」と呼ばれる。その初期の例として，1861年にシェルドン（E.A.Sheldon）がペスタロッチ式の教授法に基づく教育を行ったオスウィーゴー師範学校等があげられる。

　デューイは大学を卒業してから，まず高等学校教師を2年，次いで小学校教師を1年経験した後，研究を開始した。1894年，デューイ34歳のとき，哲学と心理学と教育学を合わせた学部の部長としてシカゴ大学に着任し，後にデューイ・スクールと呼ばれるその附属小学校において，さまざまな実験的な教育実践を行った[*2]。大まかな理念は次のとおりである。
・読・書・算という記号の習得や暗記を中心とした教育活動を避け，主と

して子どもの日常生活と結びつく具体的内容[3]に関する学習を行うこと
・教師による既成の知識・技能を伝達する教育活動を避け，子ども一人ひ
とりの実生活上の必要性に基づく探究的な学習を行うこと

　以上のようなデューイ・スクールの教育理念およびそれに基づく実践
は，当時のアメリカで広く行われていた教育活動を変革するものであっ
た。その変革に共通する鍵概念は，他者との協同で行われる「オキュペー
ション（仕事）」にある。同校に在籍する子どもたちは，実社会に存在する
企業からの経済的圧力や差別，格差等から解放され，協同それ自体の重要
性を体験することがめざされた。カリキュラムのうち，たとえば手工では，
機械を用いた製品作りではなく，個人の努力と創意を必要とする自由な手
作業が行われた。産業の中心が家内制手工業から大規模機械工業へと進
展しつつあった当時，子どもたちにとって労働は家庭や日常生活から分離
し，その大部分が分業制に基づく反復作業となり始めていた。デューイは，
子どもと生活の分離および労働における協働的側面の消失が，人間同士の
交流や各個人による創造性の発揮を失わせることを問題視したのである。
　これら手作業と併行して，歴史・文学・自然（自然現象の観察）に関する
学習や実験作業が行われることにより，子どもの好奇心と探究心をかき立
てながら自分が生活する世界について観察・探究できる機会が用意され
た。デューイ・スクールが初年度に出した案内状には以下のような同校の
教育方針が示されている（Dewey 1897）。

　　当校が構成的ないわゆる手仕事（manual work）に力を入れている理
　　由の大半は，上述のようなオキュペーションが子どもの日常生活の環境
　　と容易にかつ自然に結びつくという事実による。それらのオキュペー
　　ションに取り組むことで発生する諸課題を通して，子どもは知識の獲得
　　とそのための方法の習得に対して自然に動機づけられる。
　　（中略）もし子どもたちが生来の探究心を徐々に明確な方法へと組織化す
　　る場合，子どもたちは適切な年齢になれば，一定量の事実や一般的な法
　　則を容易にかつ効果的に習得することができる。その一方で，こうした
　　事実や法則が非常に早期の段階で子どもたちに強いられ，新たな真理を
　　探究する生来の興味を損なうことになれば，知識を集めることが知識を
　　探究することに取って代わることになる。　　（メイヒューら 2017：17-18）

　ここには，同校の教育方針に加えて，デューイの子ども観・教育観が端
的に表されている。その中心は子どもが「生来の探究心」をもっていると
いう箇所に認められる。子どもはそもそも学校に通う段階，あるいはその
前の時点において，各自の興味と関心を有する存在とみなされなければな
らない。そのことを忘れて大人の求める知識や技術の獲得を子どもに強い
ることは，本来の学びの在り方から逸脱したものである。同校の教育実践

＊3　デューイ・スクールでは自然
研究，科学の初歩，芸術，歴史
など子どもが生き生きと学べる内
容が扱われた（例えば，青銅器時
代の生活，アメリカ植民地の歴史，
シェークスピアの戯曲，科学，数
学，英語等）。また，子どもたち
はさまざまな事柄について自ら体
験・実験することができた（裁縫，
料理，庭仕事，大工仕事，演劇，
物語の読み聞かせ等）。記号の習
得はその過程で身につけられるこ
とがめざされた。

の核は，子どもたちが生来の興味・関心に基づく協同的な学習活動を体験することにあった。それが，アメリカにおける民主主義社会の実現およびその担い手の形成に結びつくとデューイは考えたわけである。

(2) デューイの学習観・教師観・子ども観

　ではデューイは，子どもの学習をどのようなものと見なしたのだろうか。デューイにとって学習は教科書の内容の暗記でも子どもの自己活動の重視でもない。子どもが，①日常生活と関連する内容について，②自ら目的をもって問題を見出し，③他者と協同して，④自らの知識と思考と行動を変容させるときに学習（「問題解決学習」）が成立するというのがデューイの立場である。このような学習観が示された理由は，当時，学習を将来のための準備とみなす者や，子どもの生まれつきの素質の発現と結びつける者が勢力を築いていたことにある。子どもとそれを取り巻く環境の相互作用を重視せず，また知識や能力や目的や活動等を固定化した学校教育の在り方はデューイにとって本来の学習とは認められなかったのである。

　このような学習概念の再定義に伴い，教師と子どもも新たに位置づけられた。教師はもはや従来のような権威的存在でも知識の伝達者でもなく，子どもの学習環境を整備し学習を支える存在とみなされた。子どももまた，一人で知識・技術を蓄える存在から，知識と思考を他の子どもと互いに結びつける存在とみなされた。上述の①〜④の要素を有する学習が積み重ねられることにより，子どもは自らの興味・関心を満たすとともに，社会の諸問題の解決にも携わることができる。その際，学習内容は「経験」として各人にとどめられ，それがさらなる学習活動を通じて不断に再構成されていく。このような学習はその性質上完成に至るものではないが，デューイにとってそもそも子どもや学習を固定的に捉えること自体が誤りであった。学校教育の役割を子どもの経験の再構成に見出すデューイ特有の考え方は，その学習観と子ども観の総合の下に生み出されたものといえる。

3．進歩主義教育運動の展開とその課題

　アメリカの新教育は進歩主義教育と呼ばれる。その中核にはデューイの教育思想と実践が位置づけられるが，実際には進歩主義教育の内実を確定することは容易ではない。その範囲は狭義では進歩主義教育協会が活動した1919年から1955年までを指すが，広義ではその基盤を形作った19世紀末の教育実践も含まれる。明確な定義づけも難しい。子どもの個性尊重という理念において大まかに共通する一方，方法論としては，デューイの問題解決学習，キルパトリックの**プロジェクト・メソッド**[*4]，パーカーストの**ドルトン・プラン**[*5]他，実践校としては，リンカーン・スクール（私立学校），ウィネトカ・スクール（公立学校）というように，進歩主義教育はさまざまな理論と実践を総括した名称なのである。

*4　キルパトリック (W. H. Kilpatrick) の考案した**プロジェクト・メソッド**は，①自発性に基づく目標設定，②具体的活動の計画，③計画の遂行，④活動およびその成果に関する評価，以上4つの段階から構成される教育実践である。「プロジェクト」概念を基にして，教科中心主義と活動中心主義に分離した学校教育の課題を解消することがめざされた。

*5　パーカースト (Helen Parkhurst) の考案した**ドルトン・プラン**は，「自由」の理念に基づく個別学習と，「協同」の理念に基づく協同学習を併用した教育方法である。子どもが自らの興味・関心を踏まえて一か月分の学習時間割を立てるなど，個別の学習活動が行われる点が特徴的である。

　だが，進歩主義教育に認められる多様性自体は実はそれほど問題ではない。そのような語義の多様性は特定の実践や運動を総称する際に常に付きまとうものだからである。それ以上に考えなければならないのは，進歩主義教育が独自に有する課題である。以下，それについて二点取り上げる。

　第一に，進歩主義教育における理念と実態の不一致があげられる。晩年デューイは進歩主義教育協会に対して，「もし彼らが…自分たちの仕事を知的に系統立てないなら，教育の科学に対し，取るに足らないがらくたを付け加えることしかできない」と述べた。これは，子どもの個性尊重という大括りの理念に基づくばかりで，本来の学習を保障しない一部の教育活動を問題視したものである。一部の進歩主義教育において，子どもの興味・関心の重視と知識・理解の獲得およびそれを活用した学習が両立されていないことをデューイは指摘したのである。この立場は「人間というものは，極端な対立をもって，物事を考えがちである。このような考え方は，中間的なものがあるという可能性を一切認めようとはせずに，『あれかこれか』という見地からの信念が定式化されたものである」（デューイ 2007：16）という言葉にも表れている。過去を否定するあまり，その目的や方法のすべてを拒絶し，真逆の理念と実践に振り子のように移ってしまうことは，教育史さらには人間の諸活動一般にたびたびみられる。この点に関するデューイの指摘は今後も示唆を与えてくれることだろう。

　第二に，進歩主義教育の有していたユートピア的側面があげられる。たしかに教師中心の伝統的な教育活動の変革という目標は革新的だった。だが，1920 年代の最盛期に全国に 55 の実験学校が設立されたにもかかわらず，アメリカの初等・中等教育の一新には結びつかなかった。その背景には制度，文化，宗教の違い等多様な要因が認められるが，ここでは資本主義化された社会全体の改革志向の不足を指摘しておきたい。学習を現実の社会生活と結びつけ，学校を小さな民主主義社会とみなす理念自体は重要である。しかし，その理念が現社会体制の存続を支えるものとして機能し，資本主義社会のもたらす深刻な政治的・経済的格差の解消に向けられなかったことが進歩主義教育の課題であった。一部の論者から，進歩主義教育は政治や労働など学校以外の諸団体・諸勢力との連携に向かうべきだったという主張がなされているゆえんである。

　以上の通り検討してきた進歩主義教育運動の展開を踏まえるならば，学校教育の変革は，子どもによる主体的な学習活動をめざすだけでは不十分であることが認められる。社会における学校の役割およびその方向性を定める諸勢力の意向・動向に関する批判的検討を足がかりとして，社会全体の改革をも視野に入れることの必要性を同運動は示唆しているといえよう。

［宮本浩紀］

近代日本の教育思想(1)：明治期

1. 近代的な教育思想の芽生え

　教育は人間に固有の普遍的な営みであり，ゆえに教育思想もおよそ思想らしきものがあるところには必ず存在した。その中で近代の教育思想は，公教育の成立と並行する時代であるため，公教育，学校教育の実践と深く結びつくものである点を特徴とする。欧米に少し遅れて近代化の道を歩みはじめた日本でも事情は同じである。

　明治新政府の成立後[*1]，新時代の社会を構想する大きな動きの中で，教育に関する議論は政治体制などと並んで活発に行われた。幕末から明治初期にかけて欧米に渡り現地を実見した人々は，欧米に範をとった近代化を理想とし，その主体としての人間の自律を重視して，教育を通じた実現をめざした。明治初期に日本啓蒙思想の中心的な役割を負った明六社に集った人々は，活発な言論活動を通じて近代的な教育の確立を訴えた。森有礼，福沢諭吉，西周らの働きがよく知られる[*2]。欧米の言語に通じた彼らは翻訳や翻案だけでなく日本の社会的課題と結びつけたオリジナルの主張を展開して，世界の海に投げ込まれたばかりの日本人に強烈なインパクトを与えた。

2. 初代文部大臣　森有礼

　森有礼 (1847-89) は薩摩藩士出身で，幕末にイギリス，アメリカに渡って学んだ。維新後に明治政府に出仕し外務および教育の分野で活躍している。明六社の中心人物で，その後に伊藤博文との親交を深め，その国家建設に教育分野から貢献することになる。欧米の生活経験も豊富な森は列強に伍しうる近代国家の建設には近代的な教育が必要であると考え，それはまた社会秩序の安定にもつながると主張した。ここに堅固な近代的諸制度の樹立を通した政治体制の実現をめざす伊藤の方針との一致が生じ，伊藤内閣の初代文部大臣に就任して諸施策を力強く進めた。封建的な思想や伝統的権威を強く批判しながらも民権派と一線を画し，国権に基づく上からの教育政策を推進した森の二面性は，近代日本の路線そのものとも重なるものである[*3]。

3. 明治期最大の教育者・思想家　福沢諭吉

　福沢諭吉 (1835-1901) は豊後・中津藩の下級武士に生まれ，はじめ漢学を，のち蘭学を学んで思想を研鑽した。脂の乗りきった 30 代の時期が開国とその後の変革に重なったのは，彼自身にとってもまた日本にとって

*1　旧暦 1867 年 12 月に王政復古の大号令が出され天皇を中心とする新政府の発足が宣せられた。同 1871 (明治 4) 年 7 月の廃藩置県で中央集権体制を確立。

*2　「明治六大教育家」と称されるのは森，福沢に加えて大木喬任，近藤真琴，中村正直，新島襄。

*3　国粋主義，伝統主義を支持する側からは欧化主義者とみなされ，これが一因となって大日本帝国憲法発布当日に暗殺された。

も幸運なことだったかもしれない。死ぬ思いで習得したオランダ語が通用しないことを知った福沢は英語の習得に努め，英語を通じて欧米世界を学び，教育や出版，言論活動を通してそれを人々に普及させることに注力している。1858 年に江戸の中津藩邸内に開いた蘭学塾は，戊辰戦争中の 1868 年に慶應義塾となり，福沢の教育活動の中心となった。

　再三の欧米への渡航経験や，封建社会やそれを支えた儒学思想に対する反発もあって，福沢は因習的な制度に依拠して生きることを批判し，経済的にも精神的にも自律した中産階級を厚くし，社会の中核を担わせることを理想とした。近代最初のベストセラーといわれる『学問のすすめ』では欧米の天賦人権論を引いて，人は平等な存在であるはずなのに実際には貧富の差や貴賤の違いが甚だしいのはなぜか，それは学ぶのと学ばないのとの差によって生じる，と強調した[4]。また独立自尊を掲げ，一身そして国家の自律を強調した。明治初期における福沢の提言は，幼時から身分の違いに関係なく学ぶ，その際に漢学や文学などは後回しにして読書算や究理学（物理学），経済学，歴史学などの「実学」を優先すべきであり欧米の知識を積極的に導入する，といった明確な方向をもった。それは知識才芸，国民皆学をめざした 1872 年の学制序文とも重なる方向であった[5]。

[4]　有名な冒頭の句「天は人の上に人を造らず人の下に人を造らずと言へり」は，「と言へり」でわかるように福沢自身の言ではない（アメリカ独立宣言の意訳ともいわれる）。「天は人間を平等にしたといわれるが，それにしては現実の差があるのは」という文脈である。

[5]　学制についてはp.40を参照。

４．教育思想と教育実践

　明治期の教育思想家たちの活動は，福沢の慶應義塾にみられるように学校を創立して実践化するところにも特徴があった。このことも契機となって，近代の日本ではとくに中等・高等教育段階の一定部分を私立学校が担うことが定着し，教育文化の厚みや多様性を担保するものとして，今日にいたっている。

　女子留学生の第１号として数え８歳で渡米した**津田梅子**（つだうめこ）(1864-1929) は，複数の大学で文理の学を深めて帰国，女子英学塾（今日の津田塾大学）を設立して，女子高等教育の先駆者となった。近代化後もつづく日本人女性の従属性を憂い，教育（学習）を通した自律，精神的独立を強く訴えている。日米の文化の相違とそこから来る偏見や動揺と格闘した梅子の生涯は，教育とアイデンティティの問題を考えるうえでも貴重な材料となっている[6]。

　欧米思想への傾斜と日本の伝統からの逸脱に対する反発は，1889（明治 22）年の憲法発布，1894（明治 27）年の日清戦争勃発などを経て国家主義，国権論と結びつき，教育のメインストリームもそちらに集約されていく。だが個性的で能動的な明治期の先駆者たちの思想や活動の足跡は，近代の教育を補強しその豊饒さにつながるものでもあった。　　［古賀　毅］

[6]　キリスト教精神に基づく精神的自立と良心の自由を求め，近代日本の礎をそこに求めながら，国家主義に傾いた天皇制国家の論理としばしば衝突した教育者・内村鑑三 (1861-1930) の思想・生涯も参考になる。

近代日本の教育思想(2)：大正自由教育

1. 大正自由教育の理念

　大正時代に入ると，明治時代の学校教育にみられる教師中心・知識注入の傾向を解消しようとする動きが現れた。欧米諸国で興隆した子ども中心主義を基にしたそのような動向は**大正自由教育**（**大正新教育**）と呼ばれる。

　では，なぜ大正「自由」教育なのか。それは当時の日本に生じたさまざまな面における自由獲得を求める動きと関係づけてのことである。政治上の動きとしては，薩長藩閥政府ではなく政党による組閣や選挙権の拡大・普通選挙の実現をめざす動き（第一次・第二次護憲運動）が，経済上の動きとしては，資本主義の拡大に基づく貧富の解消等がめざされた。ときには数万の人々によって国会が包囲される等，一部の運動は激しく大規模になされ，政府はその対応に苦慮した。では教育面ではどのような動きが生じたのだろうか。以下，それについて取り上げる。

2. 大正自由教育の展開とその収束

(1) 大正自由教育の展開

　大正自由教育の基本的な理念は，少人数制，自発学習，個性尊重の教育に見出される。その理念に基づく実践は，1912（大正元）年に創設された2校を先駆けとして[*1]，**澤柳政太郎**による成城小学校等，多数の私立学校で行われた（表4.2参照）。他方，兵庫県明石女子師範学校附属小の及川平治，千葉師範学校附属小の手塚岸衛，奈良女子師範学校附属小の木下竹二ら，官立学校でも同様の理念に基づく理論と実践が示されていった。

　当時各校の実践を主導していた教師らが一堂に会した講演会が開かれた。後に八大教育主張と呼ばれるその講演会[*2]には，教育雑誌に寄稿を行う等，学校教育改革を主導していた手塚岸衛（「自由教育論」），及川平治（「動的教育論」），小原國芳（「全人教育論」）ら8人が登壇した。聴衆として集まった教員たちは，及川の分団式動的教育法（能力別のグループ編成）や手塚の自由教育論（子ども中心の学校経営）等に深く共鳴した。

*1　大正自由教育は，1912（大正元）年創設の帝国小学校および成蹊実務学校，1915（大正3）年創設の日本女子大学附属豊明小学校を端緒として開始された。

*2　東京高等師範学校において1921（大正9）年8月1日から9日まで各日交替で行われた講演。本文にあげた3人の他，樋口長市（自学教育論），河野清丸（自動教育論），千葉命吉（一切衝動皆満足論），稲毛詛風（創造教育論），片上伸（文芸教育論）があげられる。

表4.2　子ども中心主義に基づき設立された私立学校

1912(大正元)年	帝国小学校（西山哲治）	1922(大正10)年	自由学園（羽仁もと子）
同	成蹊実務学校（中村春二）	1924(大正11)年	池袋児童の村小学校（野口援太郎ら）
1915(大正3)年	日本女子大学附属豊明小学校（※主事：河野清丸）	1925(大正13)年	明星学園（赤井米吉）
1918(大正6)年	成城小学校（澤柳政太郎 ※主事：小原國芳）	1929(昭和4)年	玉川学園（小原國芳）

（2）大正自由教育の限界とその後の影響

　大正自由教育は内容面で完全に一致するわけではない。子どもの個性尊重を共通理念として，子ども一人ひとりに能力の差や異なる才能のあることを認めたうえで，各人異なる教育方法が講じられた[*3]。

　だが結果的に，大正自由教育は次の２つの理由で収束していった。第一に，社会に占める学校の位置づけ自体が再考されなかったことがあげられる。子どもの権利を認め，教師中心の学校教育の在り方を変えること自体は画期的であったが，子どもによる受動的な学習形態の改善や子ども中心の教育活動の実施という理念の普及が先行したことにより，大部分の教師たちは授業時の発問の工夫等に大正自由教育の理念の具体化を見出してしまった。注入主義是正の主張自体は政府によっても行われたため[*4]，政治上・経済上の諸課題との関連の下に学校教育の目的を構想し得なかった大正自由教育はその独自性を失っていくことになった。

　第二に，政府による統制の強まりがあげられる。元々明治時代後期よりその傾向は認められるが[*5]，大正時代中頃には，各教員に対する手塚を講師とした講演会への不参加推奨やその実施自体の不許可，あるいは教科書不使用が問題視されて休職処分が下された川井訓導事件等，行政当局による監視・統制が具体的に行われていった。そのように，各地の教員と理論的支柱との直接の結びつきを保ち得ない状況が生じたことは大正自由教育の収束に結びつくものであった。これに加えて，大正時代末期になると，政府による公民教育の構想・実施が進められていく[*6]。その背景には，政治面・経済面における国民の運動の拡大を抑える政府のねらいがあったといわれる。この当時の状況は，大正自由教育の一翼を担ったある人物の残した「教師よ，文化人よ，教授法よ，学習法よ，自由教育よ，体験教育よ，教育学よ，哲学よ，学校よ，教育よ，卿（なんじ）等はみんな嘗（かつ）ては僕を生かしてくれた。然し，今はすべて空し」（志垣 1925）という言葉からうかがえよう。

　だが大正自由教育の運動が当時の教育に全く反映されなかったわけではない。国定教科書として作成された国語の教科書において，「児童ノ日常生活ニ関スルモノ」「理科及ビ実業ニ関スルモノ」というようにその理念が具体化されているからである。音楽（唱歌）で歌われる歌が子どもの日常生活で用いられる言葉遣いで表されたことも大きな変化であった。他方，国語における綴方教育や芸術における自由画教育等のように教育と子どもの日常生活／教育と文化との間の結びつきを回復することもめざされた。とくに芦田恵之助の行った綴方教育は，昭和時代に入り**生活綴方運動**へと発展し，子どもが経済的貧困と村の古い慣習に支配された社会の諸問題を見つめ，その認識を深めていく教育実践に結びついていく基盤となった。

［宮本浩紀］

*3　実際には子どもの個性尊重という点でも大正自由教育には多様性が認められる。明治時代に留学先で新教育を学んだ谷本富は，注入主義と子どもの素質の開発のいずれへの偏りも否定し，その中間をとるべきことを主張した上で，「児童の心身を発達せしめ個人として国民として立派ならしむるのが私の云う新教育の大主意である」（谷本 1906）と結論づける。中立的な立場が示されたこと自体には問題はない。新教育の具体的あり方として「立身出世」に基づく人間の育成が示されている点が大正自由教育の各主張と違いを見せているのである。谷本の主張では，大正自由教育あるいは自由の獲得をめざしてなされた諸活動において問題視された資本主義の弊害は主たる位置を占めていない。

*4　1917（大正6）年に政府によって設置された臨時教育会議の答申に「児童ノ理解ト応用トヲ主トシ不必要ナル記憶ノ為ニ心力ヲ徒費スルノ弊風ヲ矯正スルノ必要アリト認ム」と記されている。

*5　1891（明治24）年に制定された小学校教則大綱では，校長に教授細目の作成が義務づけられた。これは，教員による授業の実践記録の重要性を周知するとともに，全国で統一された学科課程の管理が行われるようになったことを意味している。

*6　当時行われた公民教育に関しては，1923（大正12）年に発布された「国民精神作興ニ関スル詔書」等を参照。

コラム　陶冶（とうや）と発達

　心身の状態の変化を時系列に沿って捉えたものを**発達**（development）と呼びます（第5章参照）。この概念を適用して教育≒発達支援と考える機会が多くなっています。心理学や身体科学などのサイエンスが貢献しており，科学的な教育観に立つ見方ということができます。一方で，ある時期まで教育観の中心にあった**陶冶**（Bildung）という概念がずいぶん後退したような印象をもちます。こちらは哲学的・倫理学的な人間観と，それに基づく教育観に立つといえます。計量的でなく抽象的に論じられることが多いので，リアリティを好む人や，目の前の児童・生徒の指導に追われる教師には好かれにくくなっているのかもしれません。しかし人間の成長や歩みには決して数値化できない側面，科学で割り切れない面があります。陶冶という見方を保持しておくことは豊かで堅実な教育観を支えることになるでしょう。

　ドイツ語の Bildung は「かたちづくる」に由来する語です。もともとキリスト教的な人間形成の意味が強かったのですが，18～19世紀に近代哲学や教育学の考え方と合流して世俗的な意味でも用いられるようになりました。教養と訳される場合もあることからわかるように，知を得て人間の内面を深め，耕し，有用さを高めていくという含意が強くあります。漢語の陶冶は，陶＝土をこねて器などをつくること，冶＝金属をきたえて刃物や鍋などの道具をつくることであり，素材にはたらきかけて有用なものへと変化させることを意味しますので，見事な対応といえます。知というのはそれ自体が直接に何かの役に立つということもありますが（**実質陶冶**），体系的で深遠な知は，具体的な何かというのではなく人間それ自体の能力や総合力（最近の言葉でいえばスペックやキャパシティ）を大きくて堅固なものにします。たとえていえば，アプリではなく OS の部分をかたちづくるものとなります（**形式陶冶**）。語感として実質陶冶のほうが有意のようですが，形式陶冶のほうがより上位の概念です。

　小→中→高と進むにつれて学習内容は高度化し抽象化していきます。「何の役に立つの」という問いが（その分野の不得意な生徒から）さかんに発せられます。陶冶という考え方を教育者自身が心得ていないと，その問いに正面から向き合うのは難しいのではないでしょうか。「あの人はウツワが大きい」というときのウツワを知によって形成する。その実感をもてないと，「勉強なんかより経験だ」などという（実は浅薄な）議論を正当化することになってしまいます。

[古賀　毅]

第 5 章

子どもの発達と
その支援

　学校教育の対象となる児童・生徒とはどのような存在なのか。心理学などの知見を援用して，発達段階ごとの特徴を明らかにするとともに，発達支援という観点から学校の教育を捉えなおしてみよう。「障がいのある児童・生徒」を対象とした特別支援教育についての考察は，実は「すべての児童・生徒」に対する理解やまなざしの向け方，「支援」という作用の意味などを問いなおすことでもある。

5.1 発達の考え方(1)：児童期まで

1．自分の力でより広い世界に進んでいくために

　児童期に入るまでに子どもたちは多くの人と出会い，さまざまな体験をする。その中で，自分を表現する力・コントロールする力や，相手のことを思う力，さまざまな物事について考える力などを育んでいく。それでは，児童期には何が育まれていくのだろうか。

　たとえば，幼稚園や保育所等の子どもたちと話をすると，時には大人と変わりないのではと感じる時もあるくらいである。しかし，一見，大人と変わりなく話しているように見える子どもたちも，その子どものことをよく知っている親しい人との方が，話がしやすかったり，大人が無意識に配慮しながら聞いていたりする場合も多い。それに対して，児童期は，誰に対しても伝わる表現力を育んでいく[*1]。

　このように，幼児期が自分をよく理解する人のそばで支えられながらさまざまな力を育くんでいくのに対して，児童期は自分の力でより広い世界に進んでいくために必要な力の基礎を育む時期といえる。

2．論理的思考力の発達

　私たちの生活にとって，これまで経験したことがないことでも論理的に考えて，将来のために備えるということは大切なことである。たとえば，地球温暖化といわれる現象はどうだろうか。手元にあるデータから，将来どうなるかということをイメージすることで，今，何をしなければならないのかということを考えることができる。

　目の前にないことをイメージする力は，幼児期から見られる。たとえば，ままごとでは，目の前にある砂や積木などを手掛かりに，調理している人をイメージしながら，その役割を子どもたちは演じている。ただ，この時期は，論理的というよりは直観的に物事を捉える姿が見られることも多い。

　それに対して，論理的に考える力は児童期から青年期にかけて徐々に育まれていく。その中でも児童期は，経験したことがあることや，実際に見える，触れるなど具体的なことについて論理的に考えることができる時期である。たとえば，同じ大きさの丸い粘土の固まり2つを用意し，2つの重さが同じであることを実際に触れて確認してもらった後，子どもの目の前で一方の粘土の固まりを棒状に伸ばす。そして，もう一度，2つの粘土の固まりの重さが同じかどうか質問すると，児童期の子どもは「（形は変わったが）粘土を足したり引いたりしていないので，重さは同じである」

*1　岡本夏木は，幼児期のことばを，具体的な場面と結びつき，特定の親しい人との対話によって成立する一次的ことば，児童期のことばを，現実場面から離れ，不特定多数の聞き手にわかるように伝える二次的ことばとした。

と論理的に考えることができる。なお，幼児期の子どもに同じ課題を行うと，見た目の変化に影響を受けて，重さが違うと答えることが多い[*2]。

3．自己概念・自我の発達

　乳幼児期を通して子どもたちは自分のイメージを作っていく。とても基礎的な感覚として，自分や他者を信じるということや，自分のことを自分でやってみようとすること，積極的に人に関わったりお手伝いをしてみようとしたりすることなど，自分を信じて，外の世界に関わっていく準備をしていく。

　児童期は，さらに他者との比較によって自分を位置づけて，実際の自分の姿を客観的に捉えることができるようになる。自分の性格など内面的な特徴に触れるようになり，さらに児童期後半では，自分を態度，行動傾向など，さまざまな面から捉えて，「本当は○○したいのだけれど，あの先生の前だとできなくなる自分」のようにより細かな自分のイメージをもつ姿が見られる。

　自分の姿を客観的に捉える姿は，実際には幼児期から見られるが，幼児期がどちらかというと自分の良い面に注目しやすいのに対して，児童期は，自分の苦手な面についても注目するようになる。その結果，優越感や自己効力感だけでなく，劣等感や無力感を抱きやすく，自尊感情が一時的に低下しやすい時期でもある[*3]。

4．仲間関係の発達

　乳幼児期に子どもたちは，年齢の近い子ども同士で一緒にいることの楽しさ，そのためにルールを守ろうとする気持ち，けんかをしても仲直りしたいという気持ちなど，大人に支えられながら，仲間関係を形成する基礎となるようなさまざまな経験をする。さらに，その中で，表情や行動に表れやすい心の動きだけでなく，思い込みや勘違いなど，見えにくい心の動きについての理解も深めていく[*4]。児童期は，そのような経験を通して育まれた力をもとに，家族やその他の大人とは異なる絆を仲間同士で形成していく時期といえる。そして，仲間関係の中で，他者との付き合い方を学び，仲介者がいない中で自己主張したり自己抑制したりしながら，自分たちの力で問題を解決していく能力を育んでいく。

　道徳的な判断についても発達が見られる。幼児期には，規則を大人が決め変更できないものとして意識していたが，児童期に入ると，規則をお互いの同意に基づいて修正できるものとして捉える段階へと移っていく。大人の力を借りずに自分たちで解決することが求められるさまざまな仲間同士の経験が，子どもの世界観を少しずつ変化させていくことにもつながっていくものと考えられる[*5]。　　　　　　　　　　　　　　　　[福田真一]

[*2]　ピアジェ (Jean Piaget) は思考の発達を，直接ものに触れながら理解する感覚運動期（誕生〜2歳），イメージする力が育つが論理的に考える（論理的操作を行う）前の段階の前操作的思考期（2歳〜6，7歳），具体的なことであれば論理的に考えることができる具体的操作期（6，7歳〜11，12歳），抽象的なことも論理的に考えることができる形式的操作期（11，12歳〜）の4段階で説明した。

[*3]　エリクソン (Erik Homburger Erikson) は，自我の発達理論の中で，児童期を「勤勉性」の時期とし，知ること・学ぶことを願い，進んで学んでいくようになることが課題であるとした。そして，その課題が達成できないと「劣等感」を抱くとした。

[*4]　乳幼児期を通して心の理解が進んでいく。4，5歳頃には，自分が知っている事実とは違うことを信じている人の行動を予測することができるようになる（「誤信念の理解」と呼ぶ）。

[*5]　ピアジェは，規則は大人がもたらしたものであり変更できないとする他律的道徳から，相互の同意に基づいて修正できるとする自律的道徳へと発達すると考えた。

5.2 発達の考え方(2)：青年期

1．子どもから大人へ，自分の人生をつくっていくために

　青年期は，思春期の身体的・生理的変化の始まりから 25，26 歳までの子どもから大人への成長と移行の時期とされる（久世 2000：4）。高齢社会，高学歴化，就職難，晩婚化などから青年期が延長しているという考えや，青年期と成人期の間に新しい発達期間があるという考えもある。

　身体的・生理的変化から，実際の自分の身体が，これまで慣れ親しんでいた自分のイメージとずれることによる不安を感じることもある。また，周りの大人の期待の変化を感じる一方で，まだ大人と同じようには扱われないことによる戸惑いもある。さらに，個人差もあるため，周りの友達と自分を比較することで，これまで以上に自分について考えるきっかけとなり，時には悩む場合もある。このように，青年期は自分に関わるさまざまな変化から心理的な混乱が生じやすくなる時期である。しかし，これは，これまで身近な大人の影響を受けてつくっていった自分のイメージを見つめ直し，自分の価値観や理想，将来の生き方などをふまえて，あらためて自分のイメージをつくっていく重要な機会であるともいえるだろう。

2．抽象的思考力，メタ認知能力の発達

　児童期は具体的なことについて論理的に考えることができる時期であったが，児童期後半から青年期にかけて，抽象的なことについても論理的に考えることができるようになる。たとえば，「ヒトはゾウより重く，ゾウはクジラより重いとしたら，ヒトとクジラはどちらが重い？」といった現実にはありえない問題についても，答えを出すことができるようになる。児童期の子どもによっては，「ありえないことなのに，なぜこのような問題を出すのだろう」と，問題自体に疑問を感じるかもしれないが，青年期に入ると，このような事実とは矛盾するようなことについても論理的に考えることができる。

　また，自分の思考過程を意識して，コントロールする力（メタ認知能力）の発達もピークに達する。その結果，自分の学習の過程を意識し，現在の自分にどのくらい力がついているのか，これからどのように力が伸びていくのか見通しをもちながらの学習も可能になる。

　このような抽象的に考える力や自分の思考過程を意識する力の発達によって，人はなぜ存在するのか，自分はどう生きればよいのかといった，なかなか答えの出ない悩みをもつことになる。しかし，同時に，まだ現実には起きていない将来について，単なる空想ではなく現実性をもってイ

メージし，そのためにこれから自分がしなければならないことを計画し実行するための基礎的な力が育まれることにもなる。

3．アイデンティティの確立

　成人期に向けて，社会的には，どのような職業に就くのか決断を求められることも多いが，青年期は単に職業を決めることが求められる時期なのだろうか。エリクソンは，自分は他の誰でもなく自分であり（斉一性），過去・現在・未来と変わることのない自分である（連続性）と感じ，その自分を他の人も認めているという自信と調和のとれた感覚を**アイデンティティ**と呼んだ。そして，青年期のテーマは，身体の変化や社会の要求を受け止めながら，このアイデンティティを確立するかどうかであると考えた[*1]。

　同じ職業に就いていても，働き方は人それぞれである。それは，その人なりの生き方，大切にしていることが異なるからである。まさに，同じ職業に就いていても，アイデンティティは人それぞれで，職場での安定した関係を築くためには，自分とは異なる他者のアイデンティティも認め，ともに働くことが求められる。そのためにも，単に職業を選ぶだけでなく，アイデンティティを確立する青年期が大切になってくるのである[*2]。

　なお，エリクソンは青年期に，アイデンティティについて積極的に確立しようとしている途中で，成人することを社会から保留されている猶予期間（**モラトリアム**）があるとしている。

4．関係性の再構築

　青年期は親子関係をあらためてつくりなおす時期と捉えることができる。青年期のとくに前期には，親や教師などの年長者に対して，葛藤を起こし，自己主張や反発する姿が見られるようになる（**第二反抗期**）が，そのような葛藤を体験しながら次第に自立に向かうと考えられている。また，それまで家族に対して向けていた愛着や憎しみを家族以外，たとえば恋人に対して向けるなど，対象の移動も見られるようになる。

　仲間関係にも変化が見られ，同じであることが仲間の条件となる関係から，互いの違いを認める関係へと発達する。児童期には，みんなで同じ行動をとることによって一体感を得るギャング・グループが見られるが，青年期に入ると，関心や特性に共通点がある者で構成されるチャム・グループから，さらに共通点だけでなく自分と異なる部分も認めながら，個人を尊重し合うピア・グループへと仲間関係が変化していく。ギャング・グループやチャム・グループは同性・同年齢の集団であるのに対して，ピア・グループは異性・異年齢の集団となり，仲間関係のさらなる広がりが見られる。

［福田真一］

*1　エリクソンは，青年期にアイデンティティが完全に確立するというわけではなく，アイデンティティの確立している状態とアイデンティティが確立していない状態（拡散）とがせめぎ合いながら，アイデンティティの確立が優勢であることが重要であると考えた。

*2　エリクソンは，成人期前期（若い成人期）を「親密性」の時期とし，自分とは異なるアイデンティティをまとめることが課題であるとした。そして，その課題が達成できないと「孤立」となるとした。

5.3 発達の考え方(3)：青年期への移行と支援

1. 児童期の学習のつまずき

　たとえば，小学5年生に，100gの水に20gの塩を入れると何gになるだろうかという問題を考えてもらうとしよう。水に溶けて食塩が見えなくなっても，足したり引いたりしていないので水溶液の中に重さはきちんと残っているという質量保存の法則を理解していれば，120gと難なく答えを出すことができる。しかし，初めてこの問題に触れる子どもの中には，ちょっとは溶けて減るのではないかと考えて，120gよりも少ない重さを答える子どもも出てくる。見えなくなっても足したり引いたりしていないので，重さが残っているに違いないと論理的に考えることが難しいからである。

　児童期後半から抽象的なことについて論理的に考えることができる段階に入るが，実際には個人差もあり，具体的なことよりも，抽象的なことについて論理的に考えることの方がまだ難しい。そのため，食塩水の問題のように，見えないものについて考える問題では，最初，間違える子どもも出てくるのである。授業の場合にはただ考えて終わるのではなく，実際に重さを測定し，目の前で食塩水の重さが120gになることを体験することで，具体的な経験をともなって理解することになる。

　児童期の後半になると，具体的ではないことについて論理的に考えることが授業で求められるようになる。たとえば，算数では，日常生活であまり使わない分数といった新しい考え方に触れることになる。理科では目に見えない力の作用について考えることになる。社会では，自分の行ったことがない国の人々の生活について考えることになる。そのため，具体的なことであれば論理的に考えられる時期から，抽象的なことについても論理的に考えられるようになる時期への移行期に当たる児童期には，授業が難しいと感じる子どもも見られるようになる[*1]。

　このことをふまえて，具体的な経験，実践を大切にした授業づくりが重要になる。そのためには，教材研究等を通して，教員自身がさまざまな経験を重ねることが必要である。また，地域と連携しながら，授業だけでなく，生活の中で子どもたちがさまざまな経験ができるような環境づくりも大切なテーマになるだろう。もちろん，小学校だけの責任ではない。具体的な経験は，児童期に入って初めてするものではなく，乳幼児期から積み重なっていくものである。園庭での泥遊びの経験は，物理的な感覚を育んだり，地形がどうやってできるのかをイメージする時のヒントを与えたりするかもしれない。まさに，教育が連続しているという感覚が求められる。

*1　教育現場から出てきた言葉に「9，10歳の節」という言葉がある。これは，9，10歳が一つの境目となって，そこを乗り越えることで大きく成長する子どもの姿が見られたり，逆に乗り越えることができずに学習面でつまずく子どもの姿が見られたりしたことから言われるようになった言葉であるが，このような姿の背景の一つに，論理的思考のステップを乗り越えられるかどうかという課題があるのだ。

2．移行期を考える（中 1 ギャップに関わることから）

　小学校から中学校へと移行する際，子どもたちはさまざまな環境の変化に適応することが求められる。この移行期に直面する課題は**中 1 ギャップ**と呼ばれ，「教科担任制，中間・期末テスト，新しい友人関係，先輩・後輩，部活動といったさまざまな課題」（樋口 2016：221）が考えられる。

　中 1 ギャップ解消の対策としては，小学校と中学校の連携が考えられる。中学校の部活動の見学・体験，行事への参加，さらには小学校と中学校の教員同士の授業見学や人材交流など，子どもだけでなく教員間でも理解を深める試みが行われている。また，小中一貫教育を導入することで中 1 ギャップが緩和することを期待する意見もある[*2]。

　中 1 ギャップの捉え方については議論もある。ギャップは解消しなければならないのだろうか。小学校と中学校の間に区切りがあることで，小学校の最上級生になる経験や新しい環境で新しい自分に出会う経験が得られるのかもしれない（澤田・大久保 2017：112-113）。実際に小中一貫教育を行っている学校では，小学校 6 年生がリーダーとしての役割を発揮できない，7 年生に中学生としての自覚をもたせる工夫が必要といった課題も挙げられている（山本 2016：41）[*3]。

　また，ギャップを単になくすことだけをめざすのでは限界があるのかもしれない。たとえば，9 年間を，1 年生から 5 年生までの 5 年間と 6 年生から 9 年生までの 4 年間で区切って教育を行ったところ，中 1 ギャップに当たる 6 年生と 7 年生のギャップは解消されたものの，今度は 5 年生から 6 年生への移行時に「中 1 ギャップ」ならぬ「小 6 ギャップ」のような課題が見られるという報告もある（国立教育政策研究所 2016：164）。ギャップをつくらないだけではなく，ギャップをどのように乗り越えていくのか，その力をどのように育んでいくのかという視点ももちながら，移行期の課題を考えていく必要があるといえる。

　中 1 ギャップの存在そのものについて議論もある。中 1 ギャップが注目された背景には，中 1 ギャップが不登校やいじめの発生に影響するという主張があった。しかし，国立教育政策研究所は「生徒指導リーフ　中 1 ギャップの真実」の中で，問題は小学校からすでに始まっていることを指摘した。学校が報告するいじめの認知件数は中 1 から急増するが，児童・生徒に質問して得られたいじめの被害件数は小学校の方が高いこと，小学校時代に欠席や遅刻早退等が目立たなかった児童が中学生になっていきなり不登校になる割合は 2 割程度であることが根拠だった。そして，ギャップという用語を安易に用い，議論を進めることに警鐘を鳴らした。

　中 1 ギャップの指摘は新たな課題意識を生み，よりよい教育について考える契機となっているが引き続き慎重な議論が必要な話題でもある。

[福田真一]

*2　文部科学省が小中一貫教育を実施している全国の公立小・中学校を対象に実施した「小中一貫教育等についての実態調査」では，多くの実施市区町村と実施校で「中 1 ギャップの緩和など生徒指導上の成果を上げる」ことを小中一貫教育推進の主なねらいとして挙げた（国立教育政策研究所 2016：2-3）。

*3　小中一貫教育の取り組みでは，従来の小学校 6 年間と中学校 3 年間を合わせて，1 年生から 9 年生までの学年を設ける事例がある。その場合，7 年生が中学 1 年生に相当する。

5.4 特別支援教育

1. 特別支援教育とは

　特別支援教育とは，障害のある児童・生徒を主な対象とする教育のことである。かつては特殊教育と呼ばれ，通常の学校・学級と分離して教育するのが標準であったが，2007年度より名称が変わり，すべての学校・学級で取り組むという考え方に変更された。

　なお，文部科学省では「障害のある幼児児童生徒の自立や社会参加に向けた主体的な取組を支援するという視点に立ち，幼児児童生徒一人一人の教育的ニーズを把握し，その持てる力を高め，生活や学習上の困難を改善又は克服するため，適切な指導及び必要な支援を行うもの」と示されている。以上をはじめ，あらゆる機関・法において，「特殊教育」と呼ばれていたころに対象としていた知的障害，視覚障害，聴覚障害，肢体不自由，病弱等の障害のある児童・生徒に限らず，**LD**（学習障害：学習や学業的技能の使用に困難があり，その困難を対象とした介入が提供されているにもかかわらず，読字，理解，綴字，書字表出，計算，数学的推論のうち1つ以上に困難を示し，6ヶ月以上持続している状態），**ADHD**（注意欠陥多動性障害：不注意および／または多動性および衝動性によって特徴づけられる。不注意および／または多動性−衝動性の持続的な様式で，機能または発達の妨げとなっている状態），**自閉症スペクトラム障害**[*1]（複数の状況で社会的コミュニケーションおよび対人的相互反応における持続的な困難がある状態）等軽度発達障害をもつ児童・生徒も含め通常の教育の範囲内で教育する方針に移行しつつあるといえる。

2. インクルーシブ教育

　以上の理念を反映させた概念として，「インクルーシブ教育システム」がある。文部科学省は2012年7月に「共生社会の形成に向けたインクルーシブ教育システム構築のための特別支援教育の推進（報告）」を公開した。それによると，「インクルーシブ教育システムにおいては，同じ場で共に学ぶことを追求するとともに，個別の教育的ニーズのある幼児児童生徒に対して，自立と社会参加を見据えて，その時点で教育的ニーズに最も的確に応える指導を提供できる，多様で柔軟な仕組みを整備することが重要である。小・中学校における通常の学級，通級による指導，特別支援学級，特別支援学校といった，連続性のある『多様な学びの場』を用意しておくことが必要である」とされている。よって，通常学級においても，特別な支援を要する児童・生徒をはじめとした個別の教育的ニーズに応える

*1　**自閉症スペクトラム障害**：『DSM-5 精神疾患の分類と診断の手引』では「自閉スペクトラム症／自閉症スペクトラム障害」と表記されている。
　発達障害の種類やその範囲，呼称は公的機関，研究者，実務にかかわる部局や専門家などによって異なる（幅がある）可能性があり，また研究の進展等により変動することもあるので，常に最新の情報を獲得するよう努めてほしい。

ような教育を実施することが求められている。

　特別な支援を要する児童・生徒への指示や対応はすべての児童・生徒に対しても有効であるという考え方がある。たとえば，障害特性として1時間の予定を事前に把握しておかないと不安になってしまう児童・生徒がいることを想定し，黒板の隅に1時間の予定を予め記しておくとしよう。この教育活動は，障害の有無にかかわらず，「1時間のうち，今はどの部分の教科指導が行われているのか」ということを客観的に意識することにつながり，どの児童・生徒にとっても有効となるのではないか。また，黒板で使用するチョークの色についても同様のことがいえる。チョークの色にはさまざまな色があり，要点などを示すために色分けして使用する先生もいるだろう。しかし，白，黄，ピンク，青，緑のうち，黒板のうえで見やすいチョークは白と黄のみであるといわれている。障害特性のうち，LD（学習障害）やADHD（注意欠陥多動性障害）などを起因とする集中力の持続が難しい児童・生徒がいることを想定すると，見えにくい色のチョークを使用することにより，集中力の持続が余計難しくなる。よって，すべての板書を白色で行ったり，要点を示す際などは黄色のみを使ったり，見えやすく加工してある「アイチョーク」という特別なチョークを使用したりするなど，黒板の文字を見えやすくすることにより，すべての児童・生徒の集中力をアップさせるのに有効となるだろう。

　以上のように，特別な支援を要する児童・生徒のための配慮した教育指導は，すべての児童・生徒のためにもなると考えられる。

3．特別な支援を要する児童・生徒を対象とした教育のあり方

（1）特別支援学校

　特別な支援を要する児童・生徒を対象とした学校を**特別支援学校**と呼ぶ。学校教育法第72条によると，特別支援学校は，「視覚障害者，聴覚障害者，知的障害者，肢体不自由者又は病弱者（身体虚弱者を含む。以下同じ。）に対して，幼稚園，小学校，中学校又は高等学校に準ずる教育を施すとともに，障害による学習上又は生活上の困難を克服し自立を図るために必要な知識技能を授けることを目的とする」学校とされ，幼稚部，小学部，中学部，高等部，高等部の専攻科がある。

　なお，文部科学省の学校基本調査によると，各校の在籍者数については，1993年は盲学校，聾学校，養護学校合わせて88,041人であったが，2019年12月現在の特別支援学校在籍者数は144,434人と増加している。一方で，幼少中高等学校の在籍者数は減少している（1993年度は合計20,536,600人であったが，2019年度12月現在は14,668,746人と500万人以上減少している）ことから，本来特別支援教育を必要とされる生徒であっても，普通科の高等学校を含めた中等教育学校等への進学者が増加してい

ることが推測される。

（2）特別支援学級と通級による指導

　小・中学校内には，児童・生徒の特性をおさえた個別支援計画に沿って活用できる特別支援学級と，通級による指導を行う通級指導教室を設置することができる。特別支援学級は障害のある子どもが日常的に在籍し，通級による指導は各教科等の授業は主として通常の学級で受けながら，心身の障害の状態に応じた指導を特別な場で受ける形態のことを指す。

　文部科学省初等中等教育局特別支援教育課（2018）によると，過去3年間で国公私立小中学校の特別支援学級の数は増加している（2015年度54,586学級，2016年度57,301学級，2017年度60,350学級）。通級による指導を受けている児童・生徒数は年々増加し，調査を開始した1945年度は18,201名であったのが2017年度は236,123名と12倍以上になっている。さらに，障害種別により，自校通級（自分の学校に設置された通級指導教室に通う）と他校通級（他校に設置された通級指導教室に通う）の児童・生徒の割合は異なっており，LD（学習障害）およびADHD（注意欠陥多動性障害）の児童・生徒では他の障害種と異なり，自校通級の方が多くなっている。

　これらの状況から，教員養成において，すべての教職員が特別な支援を要する児童・生徒への対応についてスキルを身に着けることが必要とされていることは明らかである。

4．学校での特別支援教育のシステム

　以上の状況に対し，担任教員ひとりではなく，特別支援教育コーディネーターの配置，専門家による巡回相談，個別の指導計画の作成，個別の教育支援計画の作成，特別支援学校のセンター的機能などのように，特別な支援を要する児童・生徒をチームで支援していく体制が必要とされている。

　よって，発達障害を含むさまざまな障害種に対する正しい知識を得て，学校での支援体制の在り方について考えておくことは教職を志すものとして大変重要となるだろう。

[重　歩美]

第 6 章

学校教育における学び

　学校の教育とひとくちにいっても，すぐ思いつく教科の他に道徳，総合的な学習の時間，特別活動などが教育課程に含まれる。また生徒指導，キャリア教育という分野も必須である。教員免許状の取得は，そのすべてをプロとして指導するということを意味するのである。本章ではそれぞれの領域や分野の制度や内容，基本的な方向，今日的な課題などを共有して，内容面から学校教育の像を明らかにしていく。

6.1 教育課程と教科

1. 学びの内容と道筋

　教育する（児童・生徒側から見れば「学習する」）内容やその方法などについて時系列的に整理し表現したものを**教育課程**（course of study）と呼ぶ。ごんべんのつく「課程」は教育分野にほぼ限定される用語で，よく知られる英語に直せばコース（course）である。「学びの道筋」であるとひとまずは考えてほしい。類似する用語にカリキュラム（curriculum）がある。ラテン語に由来するこの語は，現在でも curriculum vitae（=CV　履歴書）という言葉にあるように，やはり「道筋」，つまりは時間の経過とともに表されるものであった[*1]。〇年生ではどの教科で何を学ぶ，ということがあらかじめ決められているのは当たり前だと思うかもしれないが，全国的かつ制度的に，何をどのような順序でどのように学ぶのが適当なのかが検討され，それに沿って配置されるようになったのは近代公教育の開始[*2]以降のことである。公教育が全面的に実施されるとき，そこには確実に成果を上げるためのしくみが必要となったのである。

2. 教育課程の編成

　教育課程には以下３つの編成原理が想定されている。①学問的要請に基づく編成。国語←国語学・国文学など，理科←物理学・生物学などというように，学校の教科にはそれが根ざす学問分野があることが多い（これを「親学問」と呼ぶこともある）。歴史的に見れば，18〜19世紀に自然科学ついで人文・社会科学の近代化が起こり，大学などの高等教育機関でその充実と固有の研究法などが深められた。初等・中等教育における教科にはそれらを母体として確立されたものがある。②発達的要請に基づく編成。初等・中等教育の対象となる年代はおとなと異なり不完全な部分やちぐはぐな面も多い。相手がおとなであればストレートに伝えて済むところでも，手法を工夫したり内容をアレンジしたりしなければならない場合が少なくない。また発達心理学などの成果をもとに，たとえば小学校低学年の児童にはこの対象はこのようにしか理解できない，といった限界と，発達に向けての課題が示されることもある[*3]。教育課程はそのような発達に沿って編まれることもある。③社会的要請に基づく編成。グローバル化が進展しているから外国語の教育を充実させよとか[*4]，複雑化する社会で生きるための認識や手段を学ぶキャリア教育[*5]を強化せよというように，次世代を担う児童・生徒にはぐくんでもらいたい，身につけてほしい内容を教育課程に効果的に組み込むことが求められることがある。

*1　古代ローマ帝国時代の競馬の「コース」に由来するといわれる。

*2　3.2を参照。

*3　5.1を参照。

*4　1.5を参照。

*5　6.6を参照。

　これら①〜③はどれか一つだけを採るというのではなく，教科ないし学校種・学年などにより適宜組み合わされて教育課程が編成される。学問的要請が突出すると学習者の興味・関心から遠くなり不自然な注入教育になりかねず，かといって発達的要請を重視しすぎれば子ども本位になりすぎて，いつまで経っても社会を営む成員に必要な知識や態度を得ることができなくなる。社会的要請に極端に傾くと，これだけ変化の激しい時代であるから，そのつど振り回されて教育内容を改変しなければならなくなるし，生徒時代に身につけた知識などがたちまち無意味になってしまうことすら考えられる。ごく当然のことながら，教育課程の編成に際しては，学問と児童・生徒の発達，そして社会のありようをしっかりと認識・分析したうえで取り組む必要があるのである。

3．学習指導要領と教育課程

　現在の日本の制度では，教育課程編成の全国的な基準である**学習指導要領**を国が制定し，それに沿って各学校が教育課程をつくり，運用することになっている。教師の立場で考えるならば，学習指導要領の内容はもちろんであるが，その理念や背景にまで思考を及ぼし，解釈を加え，最終的には教材化して，児童・生徒に指導することになる。前述した教育課程の編成原理①〜③を踏まえて学習指導要領や，それに準拠して編集されている教科書（教科用図書）の内容を十分に理解し，教材化しなければならない。自身の生徒時代の「受け手」の感覚をもとに指導内容を構成し授業するようなことはもちろん論外である。

4．教科を考える

　膨大かつ広域にわたる教育（学習）内容を，主として親学問の枠組に基づいて切り分けたものが**教科**（discipline / subject）である。教科の名称や切り分け方は現在のものが当たり前のように思われがちだが，時代や国・地域が異なればそれらも変わる。たとえば社会（social studies）という教科はアメリカの影響を受けた国・地域（日本，韓国，ドイツの一部の州など）に限定して存在するが，他の国で歴史を学んでいないということではない。「歴史科」「歴史・地理科」「国民科」など別の教科枠組みで学ばれているということである。日本の教科は硬性教科であることが指摘され，大きな枠組みが第二次大戦後ほぼ変わらずにつづいている[*6]。学ぶ側からすれば安定していて好ましい面はあるが，社会や学問の変化に真に適応できているかなど，検討すべき課題はかなり多い。

　小学校は教科のみであるが，中学校には一部の教科にサブ・カテゴリとして「分野」，高等学校ではすべての教科に「科目」が設定されている。

［古賀　毅］

*6　制度的に改正に高いハードルを設けている「硬性憲法」になぞらえた表現。ただ日本の教科枠組みが変わりにくいのは制度ではなく国民性や教育界の状況に由来する面が大きい。

小学校の教育課程と年あたり授業時数
(平成 29 年版学習指導要領)

		1 年	2 年	3 年	4 年	5 年	6 年
教　科	国語	306	315	245	245	175	175
	社会			70	90	100	105
	算数	136	175	175	175	175	175
	理科			90	105	105	105
	生活	102	105				
	音楽	68	70	60	60	50	50
	図画工作	68	70	60	60	50	50
	家庭					60	55
	体育	102	105	105	105	90	90
	外国語					70	70
特別の教科　道徳		34	35	35	35	35	35
外国語活動				35	35		
総合的な学習の時間				70	70	70	70
特別活動	学級活動 児童会活動 クラブ活動 学校行事	34	35	35	35	35	35
年間総授業数		850	910	980	1015	1015	1015

○ 基本的に年間 35 週　年 70 時間とあれば週あたり 2 時間配当を意味する
○ 2020 年 4 月より実施

中学校の教育課程と年あたり配当時数
(平成 29 年版学習指導要領)

		1 年	2 年	3 年	
教　科	国語	140	140	105	
	社会	105	105	140	地理的分野・歴史的分野・公民的分野
	数学	140	105	140	
	理科	105	140	140	第 1 分野・第 2 分野
	音楽	45	35	35	
	美術	45	35	35	
	保健体育	105	105	105	体育分野・保健分野
	技術・家庭	70	70	35	技術分野・家庭分野
	外国語	140	140	140	英語
特別の教科である道徳		35	35	35	
総合的な学習の時間		50	70	70	
特別活動	学級活動 生徒会活動 学校行事	35	35	35	
年間総授業数		1015	1015	1015	

○ 基本的に年間 35 週　年 70 時間とあれば週あたり 2 時間配当を意味する
○ 2021 年 4 月より実施

高等学校の教育課程
(平成 30 年版学習指導要領)

		教　科	科　目
教　科	各学科に共通する各教科	国語	現代の国語，言語文化，論理国語，文学国語，国語表現，古典探究
		地理歴史	地理総合，地理探究，歴史総合，日本史探究，世界史探究
		公民	公共，倫理，政治・経済
		数学	数学 I，数学 II，数学 III，数学 A，数学 B，数学 C
		理科	科学と人間生活，物理基礎，物理，化学基礎，化学，生物基礎，生物，地学基礎，地学
		保健体育	体育，保健
		芸術	音楽 I，音楽 II，音楽 III，美術 I，美術 II，美術 III，工芸 I，工芸 II，工芸 III，書道 I，書道 II，書道 III
		外国語	英語コミュニケーション I，英語コミュニケーション II，英語コミュニケーション III，論理・表現 I，論理・表現 II，論理・表現 III
		家庭	家庭基礎，家庭総合
		情報	情報 I，情報 II
		理数	理数探究基礎，理数探究
	主として専門学科において開設される各教科	農業	専門学科の各教科に属する科目名は略
		工業	
		商業	
		水産	
		家庭	
		看護	
		情報	
		福祉	
		理数	
		体育	
		音楽	
		美術	
		英語	
総合的な探究の時間			
特別活動		ホームルーム活動　生徒会活動　学校行事	

○ 高等学校は単位制を採り，各科目に標準単位数が設定されている
○ 教員免許状は基本的に教科ごとに設定（科目ごとではない）
○ 2022 年 4 月入学生より学年進行で実施

6.2 教科の学びと学力

1. 教科を通した学びの再考とカリキュラム・マネジメント

　教科学習・教科指導は学校教育の中核である。本来は学ばれる対象の全体を，学問系統や学習課題等に即して分割したものであるが，学ぶ側である児童・生徒から見れば教科とは初めからそこにあって不動・不変であるように思われるし，教師の側でもその傾向は強くある。中学校・高等学校の教師が「教科の専門家」として育成され現にその枠組みに強く拘束されて活動しがちであることも一因であろう。一方，社会が複雑化しそれに対応して就学期間が長期化すると，児童・生徒の側で学びの手ごたえ（知を得ることによって身の回りや自然環境の何かが「わかる」といった実感や，生活や生産活動などに「役立つ」といった感覚）は相当に目減りし，教科の学びは定期試験や入学試験で得点を取るための手段，ひいては進学や就職，社会的地位の確保や上昇のための手段としてのみ意識されることになっていく。「点数悪かったら知らないよ」という警告（脅し）は，もはや当たり前のことになっているのではないだろうか。本来の学びの意味は忘れられ，学びが「おもしろい，もっとやりたい」という感覚をまったくもてない生徒が増えていく。以降の節で述べられる道徳教育やキャリア教育などは，今日その重要性をいっそう増しているが，学校の本体部分である教科教育が適切に機能してこそそれらの活動も持ち味を発揮することができる。他方で，日本の経済力の先行きへの懸念（国際競争力の低下，グローバル化に対応しうる人材や能力の不足）からも，形骸化しかかった教科教育の見直しが主張されている。

　教科教育の改善は，教育目標の再設定（「○○を知っている」から「○○ができる」へ），学習方法の刷新や多元化（アクティブ・ラーニングやICTの導入，反転授業などの新たな試みなど），教科等を学ぶ意義等の共有や教科横断的な学習の推進など，これまで考えられていた教育活動の幅や深みを一挙に広げるものでもある。教育課程の観点からみると，教師一人ひとりが教育課程（学習指導要領というナショナル・カリキュラム，学校の教育課程全体，そして学年や学級，担当教科の課程というそれぞれの次元）の構造を熟知し，効果的に運用する**カリキュラム・マネジメント**の発想が欠かせないものとなる。

2. 汎用的学力への期待

　学力とは学ぶ力，教育（学び）を経たのちの力量・スキルの総体であるが，従来からさまざまな見解が示されてきたにもかかわらず，一般には「1

学期末の英語の成績」とか「大学受験時の偏差値」のような，特定の瞬間における各教科のスコア（の総計）として認識されてきた。学びの意味が実感されず，試験突破や進学のための手段であるという認識のもとではやむをえないことであったろう。それらも学力の一部ではあるが，実際におとな・社会人として課題に直面した際に必要となる力は，教科ごとに色分けされていないし，ある時点での瞬間風速のようなものでもない。知識はもっていなければならないが，その知識を適宜引っ張り出して組み合わせ，出力（表現）する力や，既知のことから未知のものを論理的に導き出す能力，他者とのかかわり方や協働してプロジェクトを実現する力やセンスなどが強く求められることになる。さらには，そうした社会人としての自らの能力やセンスを自ら理解してアップデートしていけるような，もう一つ外側の能力までもが望まれるようになっている[*1]。

　学習活動の経過に寄り添いながら，1ターンの終了時点だけでなく途中の各時点での状況も総体的に捉える形成的評価や，それを実施するためのルーブリック（評価基準表）の作成が強く求められるようになっているのもこうした動きの一環である。また大学入試改革では，各教科で得られた知をその内部にとどめるのではなく社会的・一般的な文脈に落とし込めるかどうかを診断する試験が運用されはじめている。

3. 「変化に対応する力」を超えて

　ただ，学力観の再設定や新たな目標に向けた取り組みの急展開は，学校現場や，何より児童・生徒（およびその家庭）の実態やニーズとのミスマッチを起こしかねない。教育という営みは往々にして，自身が受けた教育や学んだ成果をもとにしてしか思考できないという傾向をもたらす。親や教師が新たな目標を真に共有していない場合，形式だけが空転する危険にもつながるのである。また，社会が変わる，だから教育も変わらなければならないというのは，そのとおりなのであるが[*2]，人間の本質に根ざした不易・不動の部分を忘れ去ることは危険であるし，急速に変化する社会は，また急速に次の変化をみるはずであって，そのつど後追いで教育目標を設定していては，かえって受動的で他律的な人間を増やすだけではないか。理想はあくまで，社会形成の主体（subject）としての人間，創造性をもって，社会変化にむしろ先回りして橋頭堡を築くような人材を育てることではないだろうか。

　教科教育の再設定はたしかに急務である。だからこそ教育にかかわる人は，教科の意義を学校教育そのものの意義の捉えなおしの中に位置づけ，真の意味で自らの職業専門性の中に落とし込んでおくことが強く求められるのである。

　　　　　　　　　　　　　　　　　　　　　　　　　　　　　　［古賀　毅］

*1　学んだ成果や能力を広く転用できるような力を**汎用的能力**と称することが多い。近年では学習指導要領などでも「基礎的・汎用的能力」の形成が学校教育の主目的として掲げられるようになった。

*2　本書第1章ではそのようなトーンを強く打ち出している。

6.3 道徳教育

1. 道徳教育の変遷：特別の教科 道徳の成立まで

　日本の近代教育制度は，1872（明治5）年の学制発布により成立した。小学校が義務教育となり，道徳教育の前身である**修身**科が教科として定められた。1890（明治23）年には教育勅語を規準とする修身教科書が作られ，日本の道徳教育は天皇への忠誠心と一体となって教授された。修身は後に軍国主義の刷り込みのために利用され，国のために自らの命をも顧みない国民を作るための教育がなされていた。1941（昭和16）年には，国民学校令により従来の小学校が国民学校に改められると，教科書は一段と天皇崇拝と軍国主義の色彩を濃くしていった。1945（昭和20）年に日本が敗戦すると，占領統治した連合国軍の指令により修身・地理・歴史の授業が停止され，修身は廃止された。

　1947（昭和22）年には新学制が発足し，学校の教育活動全体を通じて道徳性の育成を図る**全面主義**の方針が採用された。修身・地理・歴史の授業は社会科として再編成され，社会の形成・運営主体となるべき公民の資質を養うという社会科の理念は新たな道徳教育の方向を打ち出した。だが講和独立と前後して修身を復活させようという声があがり，1957（昭和32）年には「道徳教育の基本方針」が発表されたものの，過去の国家主導の教育への反発もあって，日本教職員組合などの猛反対により先送りとなり，1958（昭和33）年の学習指導要領では道徳教育を教科以外の活動の時間の中で実施することとした。教科ではなく「領域」として**道徳の時間**が特設され，週1回の道徳の時間と特別活動を通して道徳性の育成を図ることがめざされた。全面主義＋特設道徳というこの体制は，半世紀にわたって続き，一定の水準のもとで安定した道徳教育が行われてはいたものの，読み物教材を中心とした心情道徳に偏りがちであるとの批判もあった。また，学校という一定の人間関係の中でおこるいじめの問題が深刻化し，その対策として，2015（平成27）年3月27日に学習指導要領が一部改正され，道徳を「特別の教科である道徳」とする告示がなされた。ここでは，心情道徳に偏らない「考える道徳，議論する道徳」を，創意工夫を凝らして実施するよう示されている。また，グローバル化の進展や，情報通信技術の進歩による新たな倫理的問題も取り上げ，少子高齢化の進行といった現代社会が抱えているさまざまな問題も踏まえた道徳教育が求められている。この**特別の教科 道徳**は，2018（平成30）年度から小学校で，2019（平成31）年度から中学校で全面実施となった。

2．小・中学校 特別の教科 道徳の教育課程における位置づけ

　特別の教科 道徳という名称は，「道徳科を要（かなめ）として学校の教育活動全体を通じて行う道徳教育」という意味を込めて付けられたものである。つまり，あらゆる学校教育活動の根底に道徳性育成の精神があることが求められている。週 1 時間の道徳の授業は，各教科の道徳性の学びの総括という役割を果たす。道徳が教科になることに伴う大きな変更点は 2 点ある。一つは検定教科書が導入されること，もう一つは評価が導入されることである。ただし，数値評価ではなく，記述による評価とされた。記述による評価は，総合的な学習の時間の評価などを通して，特設道徳の時代にもなされてきたことである。記述による評価であるとしても，他の教科と同じように，児童・生徒の道徳性をいかに評価するかということは，教師としては悩ましい問題である。評価の視点としては，一人の児童・生徒を，クラス集団の中の「個」として相対的に位置づけることだけに目を奪われることなく（他者との比較による評価に偏ることなく），1 学期，1 年という一定の期間の中で，その児童・生徒の個人的な成長をも観察して評価につなげることが大切になる。

3．特別の教科 道徳に求められる授業実践

　文部科学省は，今回の道徳の教科化は，いじめの問題への対応の充実や，発達段階をより一層踏まえた体系的なものにするために行ったものであるとしている。道徳の授業内容をより良いものに改善し，問題解決的な学習を取り入れるなどの指導方法の工夫が教師によって積極的に図られることが求められている。

　また，特定の価値観を押しつけたり，主体性をもたず，言われるままに行動するよう指導したりすることのないように，教師は，「考える道徳」を実践するようにしなければならない。さらに，多様な価値観の，時に対立がある場合を含めて，誠実にそれらの価値に向き合い，道徳としての問題を考え続ける姿勢こそ道徳教育で養うべき基本的資質であるとも学習指導要領に示されている。この方針を誠実に実践するためには，「議論する道徳」「主体的に考える道徳」を授業に取り入れるなどの工夫が必要である。

　道徳教育は，道徳性を構成する次の 3 つの諸様相を養うとされている。
　1.道徳的判断力　2.道徳的心情　3.道徳的実践意欲と態度
　教師は，この 3 点を踏まえた授業実践および評価を行う。

4．学習指導要領に示された特別の教科 道徳の内容

　小学校低学年においては具体的な道徳的行為を教師自らが児童に示し，よい行為を毎日の学校生活の中で習慣化するようにする。中学年以降は，

真実，真理といった抽象的な概念を理解できるようになるため，自分自身で真理を見極めて自律的に行動することが求められる。正しいと思うことを自らが実行し，他者との望ましい在り方を志向し，学級集団の秩序が保たれていることで得られる過ごしやすさや，気持ちよさを知ることが重要である。中学校においては，心身両面にわたる発達が著しく，他者との連帯を求めると同時に自我の確立を求め，自己の生き方についての関心が高まる時期である。このような中学生の発達段階を考慮して，主体の育成をめざした効果的な指導を行うことが求められている。

学習指導要領（小学校・中学校）は，道徳の内容を以下 A ～ D の 4 つの視点に整理している。

A. 主として自分自身に関すること

ここでは，自己を見つめ，望ましい自己形成を図ることを目標とする。

小学校低学年においては，善悪の区別ができるようになり，うそをつかず正直であることの大切さを学ぶ。集団の中で自分の役割を果たし，約束を守ることを学ぶ。このような他者とのかかわりの中で，自分の長所や特色を知る。中学年においては，正しいと判断したことを実行し，自分で目標を設定して努力することを学ぶ。高学年においては，自分の長所を伸ばし短所を克服する。より高い目標達成をめざして困難があっても，くじけずに努力することを学ぶ。中学校においては，自主的に考えて実行して結果に責任を持つことを学ぶ。向上心を持ち，個性を伸ばして，社会に貢献することの意義を知る。

B. 主として人との関わりに関すること

ここでは，他者との関わりを通して自己を知り，自己の成長を促す。人格の相互承認を通した望ましい人間関係を構築することを目標とする。

小学校低学年においては，親切，感謝の心をもつことを学ぶ。気持ちのよい挨拶をし，友達と仲良くすることの良さを味わう。中学年においては，尊敬や感謝の心を持つことを学び，真心をもって人に接する。友達のことを理解し，異なる意見を受け入れることを学ぶ。高学年においては，相手の気持ちになって考え，友達と互いに信頼し合い，意見を出し合い，相手の立場を尊重する。中学校においては，人間愛の精神を深め，礼儀の意義を知る。悩みや葛藤も経験しながら，他者との人間関係を深め，寛容の心をもって他に学び自らを高めることを目標とする。

C. 主として集団や社会との関わりに関すること

ここでは，自己をさまざまな社会集団や郷土，国家，国際社会との関わりにおいて捉えることを学ぶ。日本人としての自覚に立ち，平和で民主的な国家及び社会の形成者として必要な道徳性を養うことを目標とする。

小学校低学年においては，きまりを守り誰にでも同じように接することの大切さを学ぶ。家族を愛し，家族の役に立つことを進んで行う。学校の

人々にも親しみ，人のために仕事をすることのよさを知る。小学校中学年においては，約束やきまりの意義を知り，誰に対しても公正・公平な態度で接することを学ぶ。すすんでみんなのために働くことの大切さを知り，協力し合って楽しい学級をつくることのよさを経験する。小学校高学年においては，自他の権利を大切にし，義務を果たすことを学ぶ。差別や偏見をもたず正義の実現に努める。社会奉仕について理解し，公共に役立つことの意味を知る。我が国や郷土の文化と生活に親しみ愛着をもつ。他国の人々や文化に親しみ，日本人としての自覚をもち，国際親善の大切さを知る。中学校では，正義と公正さを重んじ，実行し，差別や偏見のない社会の実現に努めることを理解する。社会参画の意識と社会連帯の自覚を高め，よりよい社会の実現に努めることの大切さを知る。世界の中の日本という国際的視野に立ち，国家及び社会の形成者としてその発展に努めることを学ぶ。

　集団や社会との関わりは，社会科や特別活動の目標や内容と重なる部分が大きい。指導計画の作成段階で考慮しておくことが重要である。

D．主として生命や自然，崇高なものとの関わりに関すること

　ここでは，自己を，生命や自然，美しいもの，気高いもの，崇高なものとの関わりにおいて捉えることを目標とする。人間としての自覚を深め，より高い志をもって生きることの大切さを知る。

　小学校低学年・中学年においては，生命を大切にすることを学ぶ。自然に親しんだり美しいものに触れたりしながら，自然のすばらしさや不思議さを知り，感動する経験を積むことが大切である。小学校高学年・中学校においては，人間の力を超えたものに対する畏敬の念を持つことが大切である。かけがえのない生命を尊重し，豊かな自然環境を守ることに努め，自然の中で生きる人間として，実際にどのような行動が求められているかを理解して実行することを学ぶ。

　なお指導内容を構成する際には，各項目を熟知したうえで児童・生徒の実態に即して，いくつかの項目を関連づけて指導することが大切である。また，年間を通して発展的に指導されなくてはならない。　　　［平田文子］

6.4 特別活動

1．特別活動とは

特別活動は，各教科の学習などと並び，重要かつ固有の領域である。

この特別活動には「学級活動」(高校は「ホームルーム活動」)，「生徒会活動」，「学校行事」の３つの内容 (小学校は「クラブ活動」が加わる) がある。これらの活動は生徒の自主的な体験を主とし，個性や能力の伸長，学習意欲の向上，社会性や集団性の形成，人間関係の構築など，教育の今日的課題解決に寄与することが期待されている。

2．特別活動で育てたい力

では，特別活動で育てたい力とはどのような力なのであろう。

2017 (平成 29) 年版中学校学習指導要領には，「集団や社会の形成者としての見方・考え方を働かせ，さまざまな集団活動に自主的に取り組み，互いのよさや可能性を発揮しながら集団や自己の生活上の課題を解決することを通して」次の３つの資質・能力を育成することと述べられている。

> ○多様な他者と協働する様々な集団活動の意義や活動を行う上で必要となることについて理解し，**行動の仕方**を身に付けるようにする。
> ○集団や自己の生活，人間関係の課題を見いだし，解決するために話し合い，**合意形成**を図ったり，**意思決定**したりすることができるようにする。
> ○自主的，実践的な集団活動を通して身に付けたことを生かして，集団や社会における生活及び人間関係をよりよく形成するとともに人間としての生き方についての考えを深め，**自己実現**を図ろうとする態度を養う。
> 　　　　　　　　　　　　　　　　　　　　　　(太字は引用者によるもの)

このように，特別活動はさまざまな集団や社会の一員として生活するための態度や能力，つまり「生きる力」の形成とともに，「新たな社会を築いていくための力」の習得をめざすものである。

3．特別活動の特質

特別活動と他の教科等との大きな相違点は，実際の生活経験や体験学習といった実践的な活動を，集団活動を通して行うこと，つまり，「なすことによって学ぶ」ことを特質とする。この実践的な活動は，生徒の主体性によるものでなければならない。教師から与えられた課題や目標のために活動するのではなく，内容に応じて集団に所属する全員で目標や達成の方法を設定し，計画・実践・反省・改善等の活動を自治的，自主的，実践的に進める。生徒が自ずと望ましい集団を形成し課題を解決し，質の高い学

びを得るための特別活動の成否は，教師の指導力にかかっているのである。

4．特別活動の内容

特別活動の３つの内容の概要は次のとおりである。

(1) 学級活動

学級活動は，「共に生活や学習に取り組む同年齢の生徒で構成される集団である学級において行われる活動」である。その内容は，①学級や学校の生活づくりへの参画，②日常の生活や学習への適応と自己の成長及び健康安全，③一人一人のキャリア形成と自己実現という三本柱からなる。

(2) 生徒会活動

生徒会活動は，「全校の生徒をもって組織する生徒会において，学校生活の充実・発展や政善・向上をめざすために自発的・自治的に行われる活動」である。①生徒会の組織づくりと活動計画や運営，②学校行事への協力，③ボランティア活動などの社会参画という内容で構成される。

(3) 学校行事

学校行事は，「全校又は学年という大きな集団を単位として行われる活動」である。その内容は，①儀式的行事（入学式や卒業式等），②文化的行事（文化祭や演劇鑑賞等），③健康安全・体育的行事（健康診断や体育祭等），④集団宿泊的行事（修学旅行等），⑤勤労生産・奉仕的行事（職場体験やボランティア活動等）の５つの内容からなる。

以上のように，特別活動の内容は多様である。したがって，指導に当たる教師は各内容の特質に応じて，教師間の組織と役割分担を明確にして協力体制の確立を図ることが必要となる。また，実践にあたっては学校と地域，家庭，地域の関係機関との相互連携・協力関係の構築が不可欠であり，地域社会の人々とともに生徒を育てるという視点での指導が大切となる。

5．学級経営の重要さ

特別活動は体験的な学習活動であり，知育よりも人間形成という徳育的な側面を重視した教育活動である。生徒にとって学級は「学びの場」である以上に「生活の場」でもある。教師が生徒の学習成果を高めるために取り組むべきことは生活の場づくり，すなわち学級経営である。学級を「望ましい集団」へと育てるために教師は，学級目標の共有とルールの確立，生徒同士の関係性の育成に力を入れることが重要となる。その継続が生徒の学習意欲の高まりにつながり，成果の飛躍に結びつくからである。

[呉地初美]

6.5 生徒指導

1. 生徒指導の定義

生徒指導とは，問題行動を行う児童・生徒（以下，生徒と省略）だけでなく，すべての生徒を対象にしたものである。その定義は「一人一人の生徒の人格を尊重し，個性の伸長を図りながら社会的資質や行動力を高めることを目指して行われる教育活動」（『生徒指導提要』）であり，学校の教育目標を達成するうえで重要な機能を果たし，学習指導と並んで重要な意義をもつものである。

つまり，生徒指導は，すべての生徒を対象に，個性を伸ばし社会性を育てることを軸に，自己指導力の育成を図り，自己実現できるようにすることをねらいとする。学校教育においては，学習指導と表裏一体の関係，あるいは車の両輪として位置づけられている。

2. 生徒指導の三機能

生徒指導のめざす姿は，すべての生徒が将来自己実現できるように明確な目標をもたせ，その目標達成に向けて自己指導力を育成していくことにある。そのためには，日々の教育活動において，「生徒指導の三機能」とよばれる3つの機能に留意することが求められる。

①生徒に自己存在感を与えること

教師が一人ひとりの生徒を機会を逃さずに認め，存在を意識した褒め方により，自分が大切にされていると思えるようにすることである。それが，自己存在感を与えることにつながるのである。

②共感的な人間関係を育成すること

教師と生徒および生徒同士の人間的なふれあいによって，望ましい人間関係が構築できるよう働きかけることである。

③自己決定の場を与え，自己の可能性の開発を援助すること

生徒自身が考える時間や機会を保障していくことである。日々の学校生活の中でたとえ小さなことでも自分自身で決めさせていくと，毎日の生活が前向きになり積極性が生まれ自己の可能性の発見と開発につながるからである。

この三機能を教育活動全般で活用し，すべての生徒が自己実現に向け，教師との共感的なふれあいの中で，目標に向かって主体的に生きることができるようにすることが大切なのである。

3．生徒指導の三類型

　生徒指導は，教育課程における教科等だけでなくすべての領域において機能させることが求められる。また，それは休み時間や放課後等の個別指導や補充指導，随時の教育相談などの教育課程外の教育活動においても同様である。このように，教育活動全般を通して行う生徒指導は多様な形態を取るが，推進にあたっては，次の三類型による指導が効果的である。

①開発的生徒指導（成長を促す指導）

　すべての生徒を対象に，個性や社会性，自尊感情（自己肯定感）を育てる指導の手法であり，特定の問題行動や課題に対応するものではない。互いに支え合う関係をつくるためのプログラムであるピア・サポート活動やソーシャルスキルトレーニング等が有効である。

②予防的生徒指導（予防的な指導）

　問題行動ができるだけ深刻なものにならないように，早期発見，早期対応を基本とする生徒指導である。年間指導計画に，喫煙防止教育や薬物乱用防止教育，性教育等を組み込むことも該当する。

③治療的生徒指導（問題解決的な指導）

　問題行動を起こした生徒を対象とした事後対応的な指導で，問題に対する対処をはじめ問題行動の解決をめざす生徒指導である。指導のための手法としては，すでに何らかの問題が発現しているので，個別指導や個別カウンセリングの形態を取ることが大切である。

4．生徒指導体制と地域連携

　学校が一人ひとりの生徒に対して，組織的な生徒指導を展開するためには，校内の生徒指導体制の早期確立が必要である。そのためには，校長・副校長（教頭）などの指導の下に，生徒指導主事をコーディネーターとするマネジメントが求められる。生徒指導は，すべての生徒を対象として実施される教育活動であり，その推進にあたっては，全教職員が役割を担い全校をあげて計画的，組織的に取り組むことが必須となる。そして，これらのことを実効性あるものにするためには，①学校としての指導方針の明確化，②教職員の共通理解と協力，役割分担の徹底，③すべての生徒の健全な成長の促進，④問題行動発生時の迅速かつ毅然とした対応，⑤生徒指導体制の不断の見直しと適切な評価・改善等があげられる。

　さらに，学校は家庭・地域との信頼関係を築き，関係機関との連携状況等を把握しておくことが重要となる。学校のみでは解決できない複雑で多様化した課題に対して，家庭・地域，警察等の関係機関との相互協力や連携によって解決への対応がなされる場合がある。学校だけでなく地域社会全体で生徒を健全に育成することが求められているからである。

［呉地初美］

キャリア教育

1. キャリア教育の前身としての職業指導・進路指導

キャリア教育とは，自分らしく生きることができるように，個人が生活し，学び，働く際の選択や意思決定および適応を継続的に支援するプロセスである。日本におけるその起源は，小学校の「職業指導」であり，1927（昭和2）年，文部省が訓令第20号を通達したことで就職または進学に向けた支援が本格化した。戦後になり義務教育が9年間に延長されると，中学校・高校で実践されるようになり，1953（昭和28）年には職業指導主事（現在は進路指導主事）が法制化された。さらに，高校進学率の上昇を背景に，職業指導の名称が就職希望者だけを対象にするとの誤解を呼ぶという理由で，1957（昭和32）年以降は「進路指導」が使用されるようになる。

進路指導は「生徒がみずから，将来の進路の選択，計画をし，就職または進学して，さらにその後の生活によりよく適応し，進歩する能力を伸長するように，教師が組織的，継続的に指導・援助する過程」と定義され，①自己理解，②進路情報理解，③啓発的経験，④進路相談，⑤進路決定支援，⑥卒業後の追指導，という6つの活動が学級・ホームルーム担任等によって展開された（文部省1974）。その理論的基盤はパーソンズ（F. Parsons）の「特性・因子論」[*1]であり，6領域と照応するなら，①と②のマッチングを③〜⑤で促進し，⑥でアフターケアするというものである。

しかし1970年代以降，次第に受験戦争が激化していく中で「生き方の指導」としての進路指導は歪められ，学業成績に基づく振り分けが常態化していった。さらに1990年代に入ると，ニートやフリーター[*2]の増加が大きな社会問題となっていく。「キャリア教育」が登場したのはこのような社会情勢においてであり，1999（平成11）年に「主体的に進路を選択する能力・態度を育てる教育」（中央教育審議会1999）として，職業観・勤労観の育成が小学校段階から実践されることになった。

2. キャリア教育の目的と方法

草創期のキャリア教育は，若年者雇用対策および偏差値からの脱却という点では一定の成果をあげたが，一方で職場体験・インターンシップ[*3]などの体験活動による価値観の育成に偏るといった課題もあった。そこで，2011（平成23）年に「一人一人の社会的・職業的自立に向け，必要な基盤となる能力や態度を育成することを通して，キャリア発達を促す教育」（中央教育審議会2011）と再定義され，「選択」だけでなく「自立」が強調された。キャリア発達とは，「社会の中で自分の役割を果たしながら，

*1 特性・因子論：自己理解と進路理解を深め，両者の関連について正しく推論することで，個人の能力・適性等の特徴（特性）と職業や学校といった環境が求める条件（因子）を適合させていこうとする理論。

*2 ニート・フリーター：ニートは，日本においては若年無業者(15歳〜34歳の非労働人口のうち，家事も通学もしていない者）を指し，2002年に64万人を記録したものの，その後やや減少して2017年時点では54万人である。フリーターは，15歳〜34歳の男性学卒者，未婚の女性学卒者のうち「パート」「アルバイト」として働く者を指し，2003年に217万人とピークに達したが，その後大幅に減少して2017年時点では152万人である。

*3 職場体験・インターンシップ：公立中学校における職場体験は，1998年に兵庫県で行われた「トライやる・ウィーク」を契機に普及し，2016年度現在の実施率は98.1％である。一方で，公立高等学校におけるインターンシップ（就業体験）の実施率は83.7％であるが，希望者のみを対象とする学校も多く，在学中に1回以上体験した生徒は34.0％（普通科22.0％，職業学科68.0％）にとどまる。

自分らしい生き方を実現していく過程」のことであり，スーパー（D.E. Super）の理論に依拠している。スーパーは人間を，他社会との関わりの中で職業人，家庭人，地域人などさまざまな役割を担って生きる存在として捉えたうえで，人生を「成長」「探索」「確立」「維持」「解放」の5つの発達段階に区分し，それぞれの課題を達成することで次のステージに移行できると考えた。

　キャリア教育では，各学校が児童・生徒の実態をふまえて，キャリア発達段階[*4]に合った目標・内容を設定し，役割を選択し遂行するために必要な基礎的・汎用的能力[*5]を，教科も含めた教育課程全体を通して体系的に育成する。なお，「進路指導」も中等教育限定の概念として引き続き残され，キャリア教育の一部をなしている。2017・18（平成29・30）年に改訂された学習指導要領では，「特別活動を要としつつ各教科等の特質に応じて，キャリア教育の充実を図ること」が総則に明記された。「要」としての特別活動では，学級・ホームルーム活動の内容に「(3) 一人一人のキャリア形成と自己実現」が導入され，**キャリア・パスポート**[*6]を作成することが決定された。そのねらいは，各教科等における学びの成果を集約・蓄積し，自己評価することである。児童・生徒は自身の成長の記録を活用して過去を振り返り，意味づけ，将来を展望し，その一方で教師は校種を越えて子どものキャリアを理解し，系統的指導に役立てる。

3. キャリア教育の現代的意義と今後の展望

　PISA2015[*7]では，日本の学力はトップクラスであることが証明された一方で，多くの子どもが日々の学びと将来との関連を見出せず，学習意欲も極めて低いことが浮き彫りになった。また，進路のミスマッチングも依然として大きな課題であり，中学生の7割，高校生の4割，大学生の3割が就職後3年以内に離職している。キャリア教育によって「学ぶこと」「働くこと」「生きること」と有機的に結合することで，子どもに「自分にとっての学ぶ意味や働く意味」に気づかせることは，喫緊の課題である。

　また，AI，ビッグデータ，IoT（モノのインターネット）などを特徴とする新たな時代においては，子どもたちの多くが今は存在しない職業に就くことが予測されている。AIにはできない協働的・創造的な仕事を担い，不透明で不確実な社会を生き抜くためにも，基礎的・汎用的能力の重要性は一層高まっており，その確実な育成に向けて学校と企業等を含めた地域社会が連携していくことが求められる。

　最後に，子どもの貧困（2015年時点で13.9%）やそれに伴う進路格差が深刻化する中，キャリア教育はこうしたリスクを抱えた児童・生徒を積極的に支援し，社会的公正（social justice）に貢献することが期待される[*8]。

[京免徹雄]

*4　キャリア発達段階：文部科学省発行の小・中・高等学校『キャリア教育の手引き』では，小学校は「進路探索・選択にかかる基盤形成の時期」，中学校は「現実的探索と暫定的選択の時期」，高等学校は「現実的探索・試行と社会的移行準備の時期」と区分されている。

*5　基礎的・汎用的能力：分野や職種にかかわらず，社会的・職業的自立に向けて必要な基盤となる能力で，「人間関係形成・社会形成能力」「自己理解・自己管理能力」「課題対応能力」「キャリアプランニング能力」の4つから構成される。

*6　キャリア・パスポート：「児童生徒が，小学校から高等学校までのキャリア教育に関わる諸活動について，特別活動の学級活動及びホームルーム活動を中心として，各教科等と往還し，自らの学習状況やキャリア形成を見通したり振り返ったりしながら，自身の変容や成長を自己評価できるよう工夫されたポートフォリオ」（文部科学省初等中等教育局児童生徒課 2019）のこと。

*7　PISA：経済協力開発機構（OECD）が，これまでに身につけてきた知識や技能を，実生活のさまざまな場面で直面する課題にどの程度活用できるかを測るために，3年ごとに実施される国際学習到達度調査（PISA：Programme for International Student Assessment）のこと。義務教育修了段階（15歳）を対象に読解力，数学的リテラシー，科学的リテラシーの3分野のテストに加えて，学習態度等に関する質問紙調査が行われる。

*8　とくに，公的セーフティネットの活用方法など，人生で困難につまずいても起き上がる手だてを身につけさせることは，進路保障として有効である（国立教育政策研究所生徒指導・進路指導研究センター 2018）。

コラム　知・徳・体というトライアングルを疑う

　「日本三大なんとか」にみられるように，日本人は３つのものを並べるのが好きなのかもしれません。教育ではしばしば**知・徳・体**という３点セットが提起されます。知育・徳育・体育ともいわれます。20年ほど前に「生きる力」というワードが示されたとき，文部科学省がその説明として付したのは「確かな学力」「豊かな人間性」「健康・体力」で，みごとに知・徳・体に対応させていました。各学校の校訓や教育目標でも，しばしばこのセットとの対応がみられます。

　バランスをとって偏りのない人間形成をというのは望ましいことですし，安定感という意味でもトライアングル（三角形）は好まれるのですけれど，私は少し批判的にみています。知・徳・体は別々のものなのか？という疑問を拭えないからです。とくに知と徳。「知識（を得ること）なんかよりも，もっと大事なものがある」という趣旨のことを主張する人は，教育界の外には多いですし，ほかならぬ学校の教師の中にも少なからずいます。勉強ばかりで頭でっかち，心のほうはいまいちだ，という人が好かれないのは昔からそうですが，そう言い切る人は，当人がまともに学んだことがないか，知識の学びが苦手だったか，知識優先の友人によほど嫌な思いをさせられたのかもしれません。それにしても，「なんかよりも」とは，どういうことでしょう。知というのは直接に何かの役に立つだけでなく，総体として人間の総合力を高める（＝陶冶する　p.74を参照）ものでもあります。そちらのほうが大事なことかもしれません。

　発達段階でいう児童期（5.1を参照）のあいだは基本的なルールや生活習慣など，心得とか意識のレベルの道徳が教えられますが，青年期（5.2を参照）に進み，抽象的・価値的な思考が可能になってくるころ，おとなとしての道徳がいよいよ必要となってきます。それはもはや知から切り離されたものではなく，社会科学や自然科学の知識や理解の先にあります。「世の中に貢献しましょう」という前に，社会の制度や理念を知らなくてはならない。生命倫理や情報倫理といった現代の高度なテーマに臨むには，サイエンスの知識に加えて，法律や哲学・倫理学の知識が要ります。「未成年がタバコを吸ってはならない」というのは法的にも道徳的にも間違いないのですが，それが身体にどのようなダメージを与えるかという理科や保健体育の知識と，「わかっていてもなぜ吸ってしまうことがあるのか」という，おそらくは文学で扱うような人間理解を欠いてしまうと，薄っぺらい「心がけ論」に終わってしまいます。私は，日本の道徳教育の弱点をそこにみています。知・徳・体というもっともらしいバランスを掲げて知育と徳育を対立させてしまいがちであること，中等教育・青年期における道徳教育を初等段階のそれに寄せすぎていること。——いや，そうではないという読者の迷いももっともですので，生徒も巻き込んでどんどん議論してみてはいかがでしょうか。　　　　　　　　　　　　　　　　　　　　　　　　　　　　　　　　　［古賀　毅］

第7章

総合的な学習（探究）の時間と学びの立体化

　長いあいだ趣旨が判然とせず，生徒も教師も「？？」となりがちだった総合的な学習の時間が，新時代の教育の核として再評価されるようになった。受身の学習，抽象的な語を暗記するばかりの学習を脱し，学びの意味を実感させる足場として期待される総合。教育者としての見識とスキルをストレートに問われるこの領域について理解を深めていきたい。

7.1 総合的な学習（探究）の時間

1．総合的な学習の時間は「何ではない」のか？

　総合的な学習の時間は，1998・99（平成10・11）年版学習指導要領で新設された。小・中学校では2002年度，高等学校では2003年度より運用開始しており，すでに20年近い実践の蓄積があるが，総合的な学習の時間ほど「それが何であるか」という本質的な部分で見方が一致しにくい領域はない。その傾向は実施前から懸念されたところであり，教師が「教科の専門家」である中学校・高等学校では現在もその弊を克服できていない[*1]。

　2017・18（平成29・30）年版学習指導要領は「教科等を学ぶ意義等」を生徒と共有して教育課程の実質ある運用をめざすとし，教科横断的な視点と個々の教員の担当範囲を俯瞰してその実現をめざす**カリキュラム・マネジメント**の視点を重視しているが，総合的な学習の時間はその枢要な部分にあらためて位置づけられることになった。一時は「学力低下の元凶」といった批判や嫌悪の対象となりかけたこの領域は，教科のように明確な内容や構成，実践の蓄積がなかったばかりに誤解や研究不足を招きやすかった。とくに中等教育段階では，教科の外側で取り組む体験的，非系統的，非知育的なものであるというイメージを拭いきれなかった。筆者は運用開始当初より，中等教育段階では知的な総合を重視するように主張しており，今般の改訂でその方向が打ち出されたことに意を強くしている。

　教職をめざす学生が自己の生徒としての経験を基に考えることは慎むべきであるが，20年近く運用方法が定まらなかった総合的な学習の時間についてはとくにそのことを強調しておきたい。自分の経験したものは適切な（主旨にかなった）ものでなかった可能性がかなりある。そこで，「総合的な学習は××ではない」という視点を立ててみよう。自身の経験や思い込みに合致するものがあれば，それは排除すべきところである。

　①総合的な学習の時間は体験学習ではない。②奉仕の学習ではない。③道徳教育や特別活動ではない。体育祭や修学旅行の事前準備などに用いるのは論外。④学校や教師の裁量で何でもできるノンセクションの時間，「ジョーカー」ではない。⑤キャリア教育のための時間ではない。まして進路調べといった矮小な作業のための時間では絶対にない。自分を見つめ，考える時間（適性検査など）でもない。─さて，どうであったろうか？

2．知育に回帰した総合的な学習（探究）の時間

　小学校および中学校の学習指導要領（2017（平成29）年版）では，総合

*1　運用開始期の課題については以下の拙稿で指摘した。
・古賀毅「総合的な学習の時間の原理と方法」安彦忠彦・石堂常世編著『現代教育の原理と方法』勁草書房，2004年所収
・古賀毅「総合的な学習の時間の実践的課題」石堂常世編著『中学・高校版「総合的な学習の時間」教材研究─素材をどう生かすか─』学文社，2006年所収。

的な学習の時間の目標をこのように定める。「探究的な見方・考え方を働かせ，横断的・総合的な学習を行うことを通して，よりよく課題を解決し，自己の生き方を考えていくための資質・能力を次のとおり育成することを目指す」（小・中学校共通）。2008（平成20）年版までは「自ら課題を見付け，自ら学び，自ら考え，主体的に判断し」という表現が特徴的であったが主旨が改められた。児童・生徒の興味・関心に寄せすぎて非知育的な体験活動に陥りがちである現状を省みてのことかもしれない。「探究」は2008（平成20）年版で登場したがそのときは「横断的・総合的な学習や探究的な学習を通して」と並列的であった。「探究」は2017・18（平成29・30）年版学習指導要領のキーワードの一つであり，この時間を探究のためのものと言い切ったのは，知的な学びという面を強調したことを意味すると考えられる。高等学校学習指導要領（2018（平成30）年版）では，その点をさらに重くみて領域名を**総合的な探究の時間**とした（以下本稿では総合的な学習の時間と合わせて「総合」と略記）。

3. 教育課題の変化と総合的な学びの必要性

　総合が提唱されたのは1990年代半ばであった。就学期間の長期化によって高度化・抽象化する教科の学びを消化できず，学びの意味や目的を見失う生徒が増えたことに加え，グローバル化・IT化といった社会変化に伴う複雑な思考への要請，工業化時代のように「正解」や「お手本」をめざして量的に取り組むタイプの学びでは新しい時代を生きるための力が十分に身につかないことなどが議論された。すでに欧米諸国などにみられたクロス・カリキュラムやインテグレーテッド・スタディーズといった複数教科横断型，あるいは協働型といった新たな試みも参照された。教科（分野・科目）というのはあくまで切り口，入口であって，学問の世界も社会自体も決してそのようには構成されてはいない。しかし教科や科目の壁は小中高と進むにつれて高く堅固なものになり相互性を失っていく。生徒が生きていく世界・社会は総合的で相互的なものなのに，「教科の専門家」である教師が営む教科教育は，ともすれば硬い殻に守られた閉じた世界になりがちであった。そこに「試験用の学び」という矮小な動機が加わるとき，教科の学習は儀式化して有用性もおもしろさも失っていく。

　第1章で述べたような状況の変化，教育課題の再設定という大きなテーマを考えるとき，既存の教科枠組に閉じこもった学習（だけ）では対応できないのは明らかであると筆者は考える。もちろん学習指導要領が定める総合のあり方がそれに対する最も適切で有効な答えであるというわけではない。だが，教科という本体部分をある程度温存したうえで新たな課題に対応するには「総合的な学習（探究）の時間的な学習の時間」の設定は避けられないのではないだろうか。

4．学びの立体化をめざして

　教科学習の過程で新たな知見を得たとき「え？　それとそこがそんなふうにつながっているの？　すごい！」というような感覚になったことはないだろうか。世界は，社会は，自然界は総合的なものであるから，当然どこかでつながっている。教科の学びが細分化され専門化されると見えにくくなるだけのことである。この「すごい！」という場面を筆者は**知のスパーク**と名づけている。スパークが頻繁に起きる生徒もあれば，まったく経験できない生徒もいる。いったんスパークが起きれば学びの意味に気づき主体的に向き合う姿勢にもつながる。自身の生き方や職業に向けての視座を得ることもある。そして最も重要なことは，それが教科学習にフィードバックされ，抽象的で無味乾燥にも思われた学習を見る眼が変わってくるということである。系統的な学習に登場する知識や概念には文脈が存在する。総合での学習経験は，一部を文脈化することで「他の概念もどこかに位置づけられて意味のあるものになるのだろう」という考えにつながる。もとより生徒全員が自力でそこに到達できるわけではないので，教師の指導によりそれを意識的に思考する機会を設けたい。

　総合での取り組みによって期待される効果には，①学びの意味の再発見・再構築，②教科の学習内容のサブ・ストーリーともいうべきプロセスを通じた学びの深化ないし補強，③複数教科の横断による「タコツボ」からの自覚的な脱出と複数の視点・回路の確保，④学び方，思考の進め方の再構築，などがある。その過程で，学習指導要領がいうような「在り方生き方」すなわち社会的文脈における自己のありようの自覚，そこでの実際的なかかわり方などにも目を向けられるようになればいうことはない[*2]。

　もっとも，教師自身が狭い教育観にはまり込んで平板な思考に陥れば，総合の設定も形骸化する。まえがきで述べたように，教育者は自身が学んだようにしか教えられない。総合的・立体的に学んだことがない教師が総合の指導にあたれるはずはないので，常に自身の学びの質を見直して，学びつづけることを心がけるべきであろう。

5．教科横断の実践

　総合の趣旨を踏まえた実践のためには，複数の教科等にかかわる設定が最も望ましい。目標・内容・方法の共有や役割分担などの事前調整や打ち合わせに労力と時間を要するが，教師ひとりの脳内や経験からのみ導き出される範囲で「総合的」な視野を獲得することは非常に困難である。ただし，1つのテーマを構成する教科等が4つ以上になると，濃淡が強くなりすぎ，議論する際の論点も得にくくなる。2〜3にしぼったうえで「このほかに○○科の視点も加えればさらにおもしろいかも」という拡張性への期待をもたせたほうが，学習効果は高まるだろう。

*2　小・中学校と高校の総合の違いとして，高校では学習課題と自己との一体化がより進み，「自己課題」化を通して社会参加やキャリア意識の形成にもつながるという点が挙げられている（『高等学校学習指導要領解説　総合的な探究の時間編』2018年, p.9）。ただ知をすべて社会的有用性と直結するような短絡や，過度の当事者性の強調が学びの楽しさを削ぎかねない点には注意が必要。

① オムニバス型

　講義や作業への支援に関して，時間ごとに担当者を替える方法である。設定によっては複数クラスでの同時実施も容易になる。ただし，生徒から見れば「A 先生と B 先生がそれぞれ勝手な見解を示した」ということにもなりかねないので，事前調整とプロセスの共有を怠らないようにしたい。

② ティーム・ティーチング（TT）型

　複数の教師が同一の教室で同時に指導するものである。教科の TT では主従の役割を明確にすることが多いが，指導よりも支援の割合が大きくなる総合ではダブル支援という形も当然出てくる。それぞれの専門教科に即した役割分担が前提となるものの，教師のキャリアやパーソナリティによって「いろいろな支援」があるということ自体が，生徒に学びの意味やプロセスを獲得させる手立てとなる。

③ セッション型

　講義や説明にあたる部分で複数教師が同時に担当するものである。パネル・ディスカッションのように A 教諭・B 教諭がそれぞれ自身の見解を述べたあとで生徒と一緒に議論する方法や，一つのテーマについて初めから生徒を巻き込んで「対論」する方法などがある。中学校・高校では，予定調和的な役割分担だけでなく，教師同士が立場を異にして討論する（論をたたかわせる）場面もぜひ設けたい。安易に「正解」を求める学びや，教師の望むような答えを出す「よい子」の学びを戒めることになり，一方の教師への賛同や応援という構えになったとしても，それによって当該のテーマに本気になって入り込むという効果を得られる。

　なお，年間指導計画の中で総合を集中的に配置し（たとえば一学期期末試験後など），複数の教科指導をそこに向けて計画して，事後もそこで得られた知見をフィードバックできるようにする，クロス・カリキュラム的な設計は，かなり高度であるが大きな効果を期待できる。

6．総合の実践を機とした教育観・授業観のシフト

　教師の側では，他教科への理解を深め，同時に専門教科のあり方や意義そのものを見直す機会とすることが望まれる。また自身の教科専門性を実践に即したかたちでさらに磨いていくことが重要になるだろう。学校内の教師がすべてをカバーできるわけではないので，保護者や地域の人材，大学や専門機関などの人材を活用していくことも必要になってくる。

　総合の指導では，教師がすべてを知っていてその断片を生徒に伝える，というクラシックな図式は成り立たない。ときに生徒と歩幅を合わせて学び，生徒に教えられることも厭うべきではない。**師弟同行**という言葉がある。おとなになってから中高生と同じ方向を向いて学ぶ機会があるなんて，このうえなく幸福なことではないだろうか。　　　　　　　　［古賀　毅］

7.2 文系分野の学びを生かした総合的な探究の時間

グローバル化の進展に伴い，固定的に捉えがちであった社会とそこで生きる人間のありようについても，多様性を前提とした多角的な視点を向けなければならなくなってきた。高等学校の地理歴史科および公民科では「社会的な見方・考え方を働かせ，現代の諸課題を追究したり解決したりする活動を通して，広い視野に立ち，グローバル化する国際社会に主体的に生きる平和で民主的な国家及び社会の有為な形成者に必要な公民としての資質・能力」の育成がめざされる[*1]。「社会の有為な形成者」という場合の「社会」は「グローバル化する国際社会」であり，それは自分たちの国の外側にあるのではなく，ローカルな社会にも根ざすものである。ただ，学習対象の規模が大きく，しばしば生徒の視野をはみ出すものになるため，リアルな感覚や当事者意識をもちながら学びを進めるためには，可視的で観察可能な仕掛けが必要となる。それは高等学校の教科・科目では複数のものにまたがるものであり，生徒の関心に寄り添いながら探究的に深めることが求められるものであるため，総合的な探究の時間での取り扱いが有効かつ有意義となるであろう。

ここでは，地理歴史・公民のほか外国語などの文系教科の教員が連携・協同して指導にあたれるようなテーマの例を示した。

*1 高等学校学習指導要領第2章第2節および第3節。地理歴史および公民の教科としての「目標」に共通する部分である。

1. 異文化交流と私たち―「移民」を手がかりとして考える
地理歴史，公民，外国語

グローバル化の進展は大規模な人口移動を伴う。欧米諸国では，かつての植民地支配や経済的求心性などが原因で，かなり以前から移民の流入と定着があり，主要都市には移民街（エスニック・タウン）などが形成される例もみられた。これに対して，単一民族で均質的だと考えられがちな日本社会でも，在日韓国・朝鮮人や華僑の集住する地区は古くからあり，近年では東南アジア・南アジア・中東方面から来る人々の集住や就業が急速に増えている。この学習では，「移民」の問題が海外だけでなく，すでに日本にも深く関わるものだと知ることで，当該事象の当事者として議論する姿勢を喚起することもねらっている。実施に際しては，映画の視聴を出発点として共有し，グループに分かれて調査を進め，問題点をさまざまな観点から洗い出して議論することがめざされる。

① 留意点・課題

異文化や外国人というテーマはもともと偏見や先入観と結びつきやすい。またインターネット上には根拠のない情報や悪質なヘイトも多く見

回	学習活動	事後の課題
第1回 オリエンテーション 移民について考えはじめる	○ （全体）「移民」という言葉のイメージを聞いてみる ○ （全体）外国での移民事情，「日本での移民」と聞いてイメージすることをヒアリング ○ （グループ）「このクラスあるいは同じ町内に外国人が住んでいることで必要な気遣いあるいはそこから生まれるメリットはないか」を話し合う ○ （資料読解）「異なる文化の人々が暮らしてゆくことの困難」についての資料—（例）外国籍のタレントのCM出演に対するバッシングに関する記事	●資料を読んで「移民たちと暮らすために必要なこと」「異なる文化の人々が生活するために必要なこと」について考えたことを整理する
第2回 移民生活のメリットとデメリットを整理する	○ （グループ）課題として考えてきたことをグループ内で共有してクラス全体で発表 ○ （資料読解）「移民であることのメリット」を扱った資料—（例）ラグビーの日本代表選手として日本に帰化した外国出身の選手たち ○ （グループ）「彼らにとって帰化することのメリットは何か，またその決断に伴う困難は何か」を整理して発表，クラス内で共有	
第3・4回 海外の事例について学ぶ フランス	○ （全体）資料の事例から，「移民」が適応して円滑に生活してゆくのに必要なものを考え，発表する ○ （映画視聴）フランスの移民地区にある学校を舞台にした映画『パリ20区，僕たちのクラス』の一部を視聴して，「移民たちの苦労」について考察し，クラス内で意見交換する	●「移民」を扱った映画について調査
第5～7回 世界の移民街についての調査	○ （グループ）世界各地にある「移民街」の中から一つ選び10分程度の発表の準備をする（候補が出ない場合は，教員の側からロンドンのソーホー，ニューヨークのユダヤ人街，カナダのキャベッジ・タウンなどを紹介 ○ （グループ）引き続き発表の準備。教員は発表内容やスライドなどについて助言 ○ （グループ）スライドを用いて口頭発表※英語での作成も可（オプション）	●映画のテーマとこれまで学んだテーマを関連付けながらレポートを作成。（英語での作成もオプションとして可）
第8回 これまでのまとめ ―映画を通じて移民問題を考察する	○ （資料視聴）第4回でのアンケートをもとに「移民」をテーマとする映画を選出し，視聴する	
第9～11回 日本の移民事情	○ （個別）日本で外国人が多く住む地域と，そこでの交流の取り組みについて調査 ○ （グループ）調べた内容をもとに異文化交流について必要なことを共有する ○ （グループ）引き続き発表の準備。教員は発表内容やスライドなどについて助言 ○ （グループ）スライドを用いて口頭発表	●自分のグループでの調査と他のグループの発表をもとに日本の移民事情についてレポート作成
第12回 まとめ	○学んだ内容を振り返るとともに，それらに基づいて「自分が外国で移民として暮らすなら，どのように行動するか，また必要になる支援は何か」を個別あるいはグループで議論する	

られる。全体で共有するソース（情報・調査源）の確かさや有用性を確認しつつ，個別の学習やグループワークになったときに，不適当なサイトやSNSなどを参照していないか細心の注意を払う必要がある。「そういうのはダメ」というだけでなく，何がどう不適当なのかを指摘することで，生徒のスキルや学び方の向上が期待される。

　まとめで「自分が外国で移民として暮らすなら」という仮定で議論を促している。多くの生徒は「外国」にも「移民」にも当事者性を感じないで

あろう。今日では本人の意思だけでなく勤務先の都合や配偶者の事情などにより、思っている以上に長期・短期の海外生活の可能性があること、きわめて短期間の出張や旅行であっても一種のマイノリティとして現地社会に参入するものであることなど、いくつかの補助線を引いておくべきであろう（生徒の中からはなかなか出てこない観点である）。そして、そうしたリアリティをもたせるためのソースの提供や学習活動の展開に、全体を通じて配慮することが重要となる。

② このテーマ例の実践的拡張性

　海外事情の調査→報告というスタイルは、プログラムの導入部または途中の段階で生徒の問題意識や当事者感覚を起こさせることができれば、現代社会の学習一般に広く適用できる。公民や地理の学習では、時間的な制約や、獲得が優先されるべき知識・事項の制約があるため、身近な地域や日本の事情、海外でも扱いやすい「定番」に学習が偏りがちである。総合的な探究の時間の活用によって、それらの外にはみ出した調査や考察が可能となる。当事者感覚はときに論理的な思考を阻害するものとなる。自国中心に物事を考える独善・排他の弊を避けるうえでも、「海外ではこのようになっているね」という情報や考察が、有用な迂回路になるであろう。

　このテーマ例では空間的な共通性（欧米各国と日本に共通する事象）に注目しているが、歴史や文学、芸術の学習との組み合わせにより、時間的に掘り下げていく可能性も大いに考えられる。　　　　　　　　　　[三村尚央]

2. 世界の街の暮らし
外国語，地理歴史，公民

　グローバル化の時代といいつつも、海外への興味・関心は生徒ごとの個人差が著しい。「今後もかかわる気はないし、かかわるようになるはずもない」と考えて（信じて）いる生徒も少なくない。また、国家や都市のイメージをステレオタイプや、安易に語られている前時代の印象で捉えて、そこから一歩も動かない者もいる。小・中・高と、社会科などで地図帳や各種資料の活用法を学んできているにもかかわらず、日常においてはそれらを開くこともなく、インターネット経由のワンワード検索やSNSで主観的に発信されたものに頼りすぎるケースも多く見られる。

　世界は広くて多様だが、可視的であれば日本の高校生にも十分におもしろい対象であり、各自それぞれの関心へと拡張することもできる。一人では「食わず嫌い」で終わるところであっても、日常生活や観光旅行といったテーマをクラスメートと共有することによって、思いがけない興味につながることもある。

　このテーマは、担当教科にかかわらず海外経験の豊富な教員の主導で取り組みたいところである。また外国語（英語）科の教員やALTが中心にな

回	学習活動
第 1 回 バーチャル街歩きをしてみよう	○グーグルマップのストリートビュー機能等，臨場感のある地図ソフトを利用。数グループに分かれ，緯度・経度等の位置情報をくじ引きし，当たった場所を表示する ○場所の設定は，エッフェル塔，天安門広場，ピラミッド等，世界の都市のシンボルやランドマークとする（あるいは観光地ではない地方都市の広場等，一見どこかわからない場所でも） ○見えた場所，都市，国をグループ内で確認し，他のグループに発表 ○最初に表示された場所から，ストリートビュー機能を使ってバーチャル街歩きをする ○気づいた／見つけたことを発表 →（例）車は左側？右側？　信号はどんな形？　バスが走っている，地下鉄の駅がある，道が広い狭い？（直線，曲がりくねっている？）何か売っている？　歩いている人は多い（服装は？旅行者っぽい，スーツの人はいる？）空気はきれいそう？　電柱はある？　ゴミ捨て場の形は？　看板の色や形，大きさ，多さ，読める？　など
第 2 回 どんな国ですか	○担当する都市／国の基本情報を調べて発表 →都市名／国名（正式名称，その国での表記，漢字で書いたら？等），人口，言語，日本との時差，面積（日本と比較），GDP（日本と比較，国・地域によっては同程度の日本の都道府県を補う等），隣の国，通貨，盛んなスポーツ，学校制度など ○適宜，教師がクイズ形式で発問（国旗，歴史上の人物等）
第 3 回 言葉を比べてみよう	○担当する国の言葉で「おはよう」は？（基本的なフレーズ） →カタカナで発音（できればネイティブの発音を再生），その言語での表記，日本語に直訳した時の意味　など ○発音や意味が似ている言語はある？（ボンジュール，ボンジョルノ等） →語族・語派などの言語学上の区分 ○どうやって書いている？（使っている文字，縦書き／横書き，右から／左から） →世界地図にざっくり落とし込んでみる ○「あいうえお」だけが母音じゃない。日本語発音の英語になりがちなワケ →日本語にない母音や馴染みがない発音を紹介（巻舌音，声調，クリック音等） ○男性名詞／女性名詞などの「文法性」 ○その言語を話している人はどれくらい？どこで話されている？ ○同じ国でも言語が一つとは限らない →（複数の公用語，方言，地域差等） ○手話も言語（「日本手話」は日本語を手で表したものではない）
第 4・5 回 知らない街の生活を想像しよう	○グループごとに担当する国の地図を調べ，全く知らない街を選ぶ ○同じ年齢で，その街で暮らしているという設定で，一日がどんな生活になるか考えてみる ○あなたの名前は？（自治体の首長の名前などを調べて拝借　など） ○地図を見ながら，通っている学校は？買い物をする場所は？遊ぶところは？等 ○どんな食事？
	○グループごとに調べた街に 1 週間旅行するという設定で旅行プランを立てる ○長期の休み中の期間を設定し，そこから飛行機のチケット，ホテル，観光地などを自分たちで選ぶ（1 箇所に留まらず，1 ～ 2 回移動することを設定に入れる） ○現地料理の食事やお土産のおすすめなどをガイドブックのようにまとめてみる ※地図をベースに，調べる街の自治体・観光ウェブサイトなどを見てみる。適宜，翻訳機能等も活用 ※教員が各種参考図書（世界の料理レシピ本など）を用意しておく。ネットから紙の本へも意識を向けられるように
第 6 回 これまでのまとめ	○発表：5 回目にまとめた内容を各グループで発表する ○質問の時間も設ける（グループの数にもよるが，質問を各グループごとに紙に書いて提出し，余った時間に調査や質問への答えをまとめる時間を確保し，授業の最後に質問に答える時間を設ける）

れば，言語や文化について，教科の時間とは違ったかたちで学ぶことにもなるだろう。

① 留意点・課題

　情報のソースにとくに留意する。指示がなければウィキペディアに依拠する生徒がかなりの数になると考えられるが，アメリカや中国といった「メジャーな国」では情報が膨大かつ分化されすぎており，書き手の政治的なニュアンスも多分に含まれていて，読み取りが困難である。逆に「マイナーな国」の場合には情報が少なく頼りなさすぎる。いずれの場合も，

執筆者不明で書き換え可能なウィキペディアを確定情報として参照することは不適切である。そこに示されている各国政府関係の公式サイトや，日本外務省の情報などをまずは参照したい。

いまは世界のたいていの場所で，国家や自治体の公式サイトの英語版が存在する。検索エンジンで「××（国名・都市名）government」と検索すれば高い確率で政府関係の英語サイトが示される。同様に，government を tourism にすると観光局や観光案内所，railway に替えれば JR に相当するような鉄道会社，traffic や bus，subway，tramway などに替えると市内交通の英語サイトが現れることが多い。英語科教員を中心に訳出の指導を行ってもよいし，英語の授業そのものではないためブラウザの翻訳機能を試してみて，その使い勝手や精度を体感するのも重要な学びとなる。

学校の授業で海外の調査・報告を扱う際には，カラー画像が非常に大きな役割を果たす。著作権等に注意しながら，配付資料やプロジェクタでの映写で大いに活用したい。

なお教員の海外経験や知識の質・量にはおのずと差や偏りがある。このテーマでは，教員（たち）も調査・考察に加わり，生徒と同じ方向を向いて「発見」していくプロセスを経験し，その姿を見せていくこともよいのではないかと考える。いたずらな偏見やステレオタイプに絡め取られないための努力は，絶えずしておきたいところである。

② このテーマ例の実践的拡張性

ここに掲げた例は，日本の一般的な高校生の水準を念頭に置いている。高学力の生徒や海外志向の強い生徒の多い学校では，もう少し学術的な深みをもたせた実践が望まれるだろう。すなわち言語学，比較文化論，文化人類学，経済地理学，歴史学，文学・芸術などの基盤を重視し，学校図書館を積極的に活用してまとめていく方法である。ただ，「どんな言語を話している？」「右側通行？」といった同じ問いを発して学びの内容を並列的に見通す手法はその場合でも共通する。あるグループに属して調査・考察した経験は，他のグループが同じ問題意識に沿って調査した別の国・地域の報告に対する傾聴の質を支えることになるからである。

外国語（英語）に苦手意識をもつ生徒は残念ながら多い。しかし英語以外のさまざまな言語のリアルな姿に少しでも触れ，それらを比較する経験を経て，会話や読解は難しくても「言語」そのものに関心をもつということは大いにありうる。「いまの時代に外国語を学ぶ意義は」といった教訓めいた講話の何倍も効果のある経験になるかもしれない。　　　　［木島　愛］

7.3 理系分野の学びを生かした総合的な探究の時間

　高校の理系教科は文系に比べても専門化の程度が大きく，抽象的な思考や概念操作の組み合わせというレベルに早い段階で生徒を引き込む傾向がある。また，とくに理科では教員の専門性が「教科」以上に「科目」に集約されやすい。それらの特質は，科学的思考力の育成（中等教育段階における「仕上げ」）において不可欠であり，また社会全体での科学的センスの共有や，「国力」にもかかわる科学技術力や競争力の底上げになくてはならないものであるが，他方で生徒の関心を置き去りにしたまま教育課程を消化するような弊に陥りやすいのも確かである。高学力層では，数学や理科の問題をこなすことはできてもそれを汎用的能力とつなげるセンスや想像力，それらをもたらす接続（架橋）のスキルを得にくく，それ以外の生徒は教科（科目）を学ぶ入口にたどり着くのがやっとということにもなりやすい。総合的な探究の時間を積極的に活用した学びの補強，立体化が望まれるゆえんである。

　立体的な視点への導きを意識すれば，複数教員の協働による授業が強く期待される。担当回や授業の前後半で教員が入れ替わるオムニバス方式や複数教員が同時に登場して生徒を巻き込んで議論する（ときに「討論」する）セッション方式など，実施方法は実際に担当する教員の専門性や特性に基づいて柔軟に考えておきたい。

1．現代社会と身体

保健体育，理科，家庭，公民

　人はもとより一種の動物であり，身体とその活動こそが生命・人生の本体であったはずであるが，都市化・工業化の進展とともにその部分が相対化され，さらには科学技術の飛躍的な発達と生活の全場面への適用によって事態は加速した。食べること（栄養摂取）や身の安全を守ることといった本来の生のあり方は，あえて自覚しなければ捉えられないものになりかかっている。

　学校教育での学びは，そうした身体・生命についての科学的知見の獲得を通じた自覚的理解につながるものであるが，中学校・高等学校での各教科・科目の学習が専門化・高度化し，また系統化していく傾向をもっているため，生徒が自分の身体・生命の問題とつなげて思考することが困難になっている。一方で高校生は，一般に身体的成長が落ち着いた発達段階にあり，また社会で自律的に生きていく一歩手前の段階であるので，理系教科で得た知見を援用するには最良の年代である。小学生であれば「ちゃん

回	学習活動	事後の課題
第1回 **オリエンテーション** **技術革新と人間** 人間の生活に科学技術はどのような関わりがあるだろうか	○（全体）戦後70年における経済の成長と技術の進歩を振り返り，それとともに人の生活環境がどのように変容してきたかを知る。家電，交通機関，通信，生活様式など （タブレット等を用いて情報収集） 技術革新は，本当の意味で人間の生き方を豊かにしているのか。（教員からの問題提起） ○（個人，グループ）身近な技術（モノ，コト）のメリットとデメリットを考え，グループ内で発表する	●明確な結論を導き出すことができない社会問題（教員から複数提示）について自分の意見は何か，また自分の意見とは異なる他者の意見にはどのようなものがあるかを考えてみる
第2回 **身体活動の多面的な意義** 身体活動（生活活動，運動，余暇活動，遊び）の意義にはどのようなものがあるだろうか	○（個人，グループ）IT技術の革新に伴い，効率化，オートメーション化が進む社会において，人が身体活動（生活活動，運動，余暇活動，遊び）を行う意義について考える 人にとって身体運動は，今よりもっと必要になるか，それとも不要か。それはなぜか。 ○（個人，グループ）生活習慣病と身体活動との関係性について知り（情報収集），医学的視点からみた身体活動の意義を考える	●自身のライフスタイルを客観的に分析する。そのために，24時間の生活活動記録を作成し，身体活動分析（活動のタイプとそれに従事した時間）を行う
第3～4回 **日本人の身体活動量の推移** 戦後の技術革新による利便性の高い生活が国民の身体活動量にどのような変化をもたらしただろうか	○（個人）50年前と現在の国民の身体活動量を比較できるデータ（資料）を調べる ○（グループ）各自で調べた身体活動量に関する情報（調査機関，調査年数，調査内容）をグループ内で共有する ○（グループ）自身のライフスタイルとその問題点を発表する ○（グループ）メンバーの中で，最も改善の必要があるライフスタイルを選択し，その改善案を検討する（エコロジカルモデルの考え方；家族の働きかけ，友人の働きかけ，学校の働きかけ，自治体の働きかけ）	
第5～6回 **環境と身体活動** 居住周辺環境は，人の身体活動とどのような関連があるだろうか	○（グループ）身体活動量に影響を及ぼすさまざまな環境条件を考える ・気温 ・日照時間 ・経済状況（国，家庭） ・降雪の有無 ・兄弟姉妹の数 ・人口密度 ・サービスの充実度 ・教育カリキュラム ・治安 ・街の美しさ（景観）etc… ○（全体）日本とアメリカにおける子どものライフスタイルについて調べる ○（全体）首都圏と過疎地における子どものライフスタイルについて調べる	
第7～8回 **子どもの頃の過ごし方と成人期の健康** 子どもの頃の体験値（体験知）は，大人になってからの身体活動や健康とどのような関連があるだろうか	○小学生の頃を振り返り，放課後や祝休日をどのように過ごしていたかを振り返る ○（グループ）小学生の頃の放課後や祝休日の過ごし方（どこで，誰と，何をした）について，居住周辺環境（田園風景，住宅地，マンション，一軒家，公園）と関連づけてミニプレゼンテーションを行う ○（全体）子ども期の身体活動と成人期の身体活動や健康との関連についてのエビデンス（情報提供）	
第9～10回 **子どもの身体活動を促進する環境と仕掛け（1）** 子どもはどのような環境や刺激を求めて動きたくなるのだろうか	○（グループ）前週のミニプレゼン内容に基づき，子ども（非アクティブな子ども，過疎エリアの子ども，習い事で忙しい子ども）の生活や環境の特徴に応じて，行動変容（≒アクティブ化）に有効な場所（環境）を選定する	

第 11 ～ 13 回 子どもの身体活動を促進する環境と仕掛け（2） 子どもの行動変容を引き起こす具体的な仕掛けはなんだろうか	○（グループ）選定した場所にどのような仕掛け（モノ，コト，プログラム，システム）が必要かについて実地調査して具体的なアイデアを考える。その際，ターゲットとなる子どもの生活環境の特徴に留意すること ○（グループ）発表の準備に向けて役割分担を決定する	●グループで協力してターゲットとなる環境（場所）への実地調査を行う ●与えられた役割に応じて準備を進める
第 14 ～ 15 回 プレゼンテーション まとめ	○（グループ）役割を決めてグループ発表する（発表者，タイムキーパー，質疑応答者など） ○（個人）他グループの発表を評価する 　・良かった点 　・改善した方がよい点	

と考えて行動しましょうね」といった道徳的訓話で終わるかもしれないところを，科学的・論理的な思考を充てることで立体化することが可能になる。また，自身の問題に惹きつけて学ぶことを通して関心を深め，教科学習の動機づけになっていくことや，社会のあり方や人間の内面の問題（公民の政治・経済や倫理のテーマ）にブリッジして総合的な視野をもつきっかけにもできるであろう。

　ここでは，保健体育と家庭の教員が軸になって，理科・公民をも抱き込んだ協働を提示している。実際のプランニングと進行においては，責任者を明確にしておくことが必要である。

① 留意点・課題

　このテーマの場合，生徒が自身の（狭い）経験や感覚にのみ依拠して思考し，まとめてしまう可能性がかなりある。指導にあたる教員の側も，教科であれば専門的な知見から科学的・論理的にアプローチするはずが，この種の学習活動では自身の大人・社会人としての「常識」や主観的感覚でものを言ってしまう可能性が高い。教科間コラボレーションの意義を生かし，生徒自身に各教科の学びへのフィードバックを促すのであるから，教科指導の場面以上に教科専門性を発揮して，その立場に引きつけることが望まれる。その過程で教員同士の意見の対立や食い違いがあれば，そのこと自体が生徒の学びの課題になりうるので，大いに生かしたい。

② このテーマ例の実践的拡張性

　ここでは，保健体育・家庭・公民の協同によるプランを提示しているが理科の教員とタイアップした医学・医療方面への拡張，あるいは 2 で示すような科学史の知見の援用などが考えられる。このテーマは，理系・文系いずれの生徒にとっても「高等教育（大学）での学び」，さらにはその先の進路を考えることにも，かなり直接的な示唆を与えることになろう。

［引原有輝］

2．歴史の中の科学

理科，地理歴史，公民

　科学法則は人間の存在の有無にかかわらず，自然の中に存在する。一方でそれらの発見は歴史的過程の結果である。高校の理科（物理・化学）の教科書は，約 2600 年にわたる人類の科学的営みをわずか 2 ～ 3 年で学習させるために，その科学研究の結果の一部を単元ごとにまとめたものになっている。その結果，歴史的過程が脱落する。今日常識として教えられている内容は，その発見当時は，決して当たり前のことではなかった。法則のもつ歴史的意義を理解することで，物理・化学への興味を喚起しそれらの理解を深めることを目的とする。

　この事例では産業革命期の科学上の発見をテーマにしている。工場で機械がモノを生産するようになると，動力をいかに得るかが社会の要請として浮上し，それが電気・熱に関する科学的発見を喚起した。産業革命期の

回	学習活動
第1回 工業化前の社会と産業社会	○教師の活動　●生徒の活動 ○6回の学習の進め方を説明する ○（世界史・倫理）工業化前のヨーロッパ主要国の生活（農業・工業・住環境・食事等）と産業革命の概要を講義する ○（理科）アリストテレスの真空嫌悪説に対しガリレオの真空嫌悪への疑念とトリチェリ，パスカル，オットー・フォン・ゲーリケらによる大気圧の発見，パパン，ニューコメンによる蒸気機関の発明を講義する ●各グループで分担を決め，講義で挙げられた項目について平凡社世界大百科事典で調べる。配付されている年表のフォーマットに各自記入（以下，各時間に同様の作業をおこなう） ○（世倫）タレスからデモクリトスにいたるイオニアの自然哲学者の系譜およびエンペドクレス・アリストテレスの四元素説について講義する。17 ～ 18 世紀のヨーロッパ情勢，とくに科学者たちの研究環境や印刷技術などについて説明。言語状況についても触れるとよい
第2回 近代化学の誕生（1） 各種気体の発見，質量保存の法則，原子論の復活	○（理）フロギストン説について講義する（アリストテレスの目的論との関係を含める） ○（理）二酸化炭素，水素，酸素の発見者，ラボアジエの業績および原子論の復活を説明 ●物理・化学の教科書で各項目を再確認。それらの意義について話し合い，文章化する
第3回 近代化学の誕生（2） 電池の発明	●静電気の研究，ボルタの電池の発明，デービーの業績について，調べてきたことを発表 ○（理）B.フランクリン，プリーストリー，ナポレオンなど当時の著名人と科学との関わりについて講義する ○（世倫）18 世紀の米英仏それぞれの特徴と，本時の内容との関わりについて説明
第4回 ワットによる蒸気機関の改良	○（世倫）イギリス産業革命について，世界史と第1回の内容を再整理する形でスライドに表示 ○（理）ワットによる分離凝縮器の発明と工場用原動機への改良について説明 ○●両教員の対話を通して産業革命とその社会的・思想的および技術的な背景を生徒と共有。産業革命の意義や影響について生徒に発問する
第5回 エネルギー保存の法則（熱力学第一法則），熱力学第二法則	○（理）エネルギー保存の法則について講義する ○（理）熱力学第二法則発見までの道筋について講義。ワット，イギリス・コーンウォールでの高圧蒸気機関開発，サディ・カルノー，クラペイロン，ケルビン卿，クラウジウスなど ○（世倫）聞き手となり，歴史的・社会的な背景をはさみながら理科教員の話を整理する（講義部分の多い回なので生徒側に立って学習プロセスを共有する）
第6回 学習のまとめ	●完成させた年表を持ち寄って，この時代の科学や技術についてわかったこと，考えたことを報告し合う。「考えきれなかったこと」も表明 ○両教員から応用的な課題を提示

参考教材：兵藤友博・小林学・中村真悟・山崎文徳共著（2019）『科学と技術のあゆみ』ムイスリ出版
　　　　　平凡社編（2007）『改訂新版　世界大百科事典』平凡社
　　　　　伊東俊太郎・山田慶児・坂本賢三・村上陽一郎編集（1994）『科学史技術史事典』弘文堂

科学は，社会が科学に影響した典型的事例として扱うことが可能であり，理科と地理歴史科・公民科の教員のコラボレーションが期待できる。また生徒が両方の教科の横断的な調査と学習を通じて，学問の連環を意識することも大いに期待される。

① 留意点・課題

　生徒の中にもともと枠組みがほとんどないテーマであるので，毎回教員による講義を前半に置くことにした。2 名の教員が交代で話すことで一本調子，単方向の授業になることを防ぎたい。理科の教員は数式を使いたがるかもしれないが，言葉で説明するほうが理論や法則の意味を理解しやすくなる。また生徒の興味関心に応じて，理科的な内容の割合を減らし，当時の政治，宗教，国・地域性といった社会状況に重点を置くのもよい。主たるねらいは科学史の知識を獲得することではなく，理科や世界史・倫理の学びを補強し，複数の経路で動機づけを促すことにある。

　「過去の，外国の，理論的な話」であり，イメージの湧きにくいテーマであるので，図版資料や各種事典などを豊富に用意して活用したい。

② このテーマ例の実践的拡張性

　上記は理科（主に物理・化学）の学習へのフィードバックを軸に設計したものであるが，たとえば理系生徒が対象であれば数学科教員のサポートを得てより理論的な展開を見せる回があってもよい。逆に理科の苦手な文系生徒が対象のときは，動機づけの部分に重きを置き，身近なものの原理などの例を図示しながら科学のおもしろさに惹きつける工夫をしたい。

　理科と地理歴史・公民はある意味で高校の教科の中でも両極にある。教員同士のセッションは，しばしば一方が他方を理解できない，考え方に納得がゆかないという状況を見せるであろう。総合的な「探究」としては，そうした状況が効果的なのではないだろうか。また双方の教員の専門性にも得がたい厚みが加わることも期待される。　　　　　　　　［小林　学］

コラム　総合的な学習（探究）の時間と教師の専門性

　2017・18（平成29・30）年告示の学習指導要領では，学習の基盤となる資質・能力（言語能力，情報活用能力，問題発見・解決能力等）や現代的な諸課題に対応して求められる資質・能力の育成のために，教科等横断的な学習を充実させることを求めました。ここで重要となってくるのが総合的な学習（探究）の時間です。これから教師になる人は，総合的な学習の時間として，教科横断的な学習を組織的・計画的に進めていく（カリキュラム・マネジメント）力が求められているのです。

　総合的な学習の時間は，1998・99（平成10・11）年の学習指導要領で初めて登場した領域なので，いま大学で教員免許取得をめざしている学生であれば，ほとんどの人が小学生のときから経験しているはずです。しかし，中央教育審議会が2016年12月の答申で指摘しているとおり，全国での実態はさまざまで，ところによっては受験のためのドリル学習の時間に充てられることさえあり，本来めざされていた総合的な学習の時間を経験した人は，多くはないかもしれません。

　その理由はいろいろとありますが，総合的な学習の時間の実践について調査したり，中学校・高校の教員養成に携わったりする中でとても強く感じられるのは，専門性の高い教師の前に立ちはだかる教科の壁です。日常的・現代的な諸課題に対応する問題解決型学習を進めていくうえでは，本来は異なる教科専門性を有する教師や，異なる視点・専門性をもって学校教育に携わる職員，その地域固有の知識や経験を有する近隣の住民，その地域の産業を担っている企業などとの人的交流や連携・協力が不可欠です。しかし，教科の専門性について学術的に深く学び，高めてきた教師は，かえって他教科への苦手意識や無関心に囚われ，教科の専門性という壁の中に自ら閉じこもってしまうことがあります。「餅は餅屋」とばかりにゲストティーチャーに授業をお任せし，自らの専門教科とのつながりについて思考する余裕がないこともあります。逆に，他教科や教師以外の人々との連携を忌避する学校風土や教科風土が障害となり，自分には意欲があってもなかなか協調的な雰囲気が生まれにくいということもあります。

　大学という場には，自分の専門領域とは異なる専門家がたくさんいます。学生でいる今のうちから，自身の専門教科を超える広い視野をもちましょう。他の専門家に敬意を払い，多くを学び，またその学びが自らの専門とどうつながるのかを思考しましょう。そのことが，総合的な学習の時間の実践を豊かにするだけでなく，各教科の実践を高度化させていくことにもつながるのです。

[福嶋尚子]

現場からのメッセージ

　教師——ずっと身近に接してきて，いちばん親しみのある職業。いま教壇に立っている先生方も，教壇をめざして本書を手にしているみなさんも，その多くはそうした身近な存在に惹かれ，自分もそうなりたいと思っていた（いる）ことだろう。ここでは小中高で指導にあたっている先生方に，教師の実際の職務や教育への思いなどを「未来の同僚」に向けて語っていただいた。「生徒目線」を抜け出して，自身の職業観や教育観を鍛える一助になればと願う。

8.1 小学校：ランドセルがカラフルになった！

先生は〈なんでもやさん〉

　私が東京都の教員に採用されたのは 2009 年です。ランドセルの色がこの 10 年間の子どもの変化を象徴していると感じます。それは，互いに個性を認め合うということが当たり前の時代になってきたということです。児童の実態に応じて，ヒントカードや声かけなど手立てを考えるのはもちろんですが，書字障害等で板書を写すのが苦手な子どもには，パソコンでノートを作ったり，板書をカメラで写してプリントアウトしたりすることを許可することもあります。得意なことを伸ばし，苦手なことはあまり無理させないように，という風潮が強くなったかもしれません。

　ただし教員の側は，なかなかそうはいきません。プールが苦手な教員でも，音楽や図工が専門であっても，プール指導にあたることはあります。英語が得意でない教員が ALT[*1] と打ち合わせする必要もあります。私自身，学生時代に小中学校での支援員，フリースクールのボランティア，塾や自然教室のバイトも経験して，「先生」の仕事をわかったつもりになっていましたが，やはり本職は違います。表計算処理をする，ワックスがけをする，刺繍をする，水質管理をする，嘔吐処理をする，畑を耕す，バレーボールの試合に出る，など，「なんでもやさん」です。

＊1　外国語指導助手 (Assitant Language Teacher)
2020 年度から小学校高学年で教科としての外国語 (英語) がはじまることもあり，その役割がいっそう重要になってきている。

〈変化〉と向き合う　子どもはいつも同じではない

　まだ幼さが残る 1 年生から，思春期に入る 6 年生まで，発達段階の幅が広いのが小学校です[*2]。

　「先生おしっこ！」「先生はおしっこではありません！」
という会話はよく低学年で見られますが，高学年の女子ともなると，先生の服装に対するチェックも抜かりありません。さらに，保護者対応，教職員どうしの人間関係も意外と苦労するかもしれません。

　小さな言葉のミスが溝を広げたり，よかれと思ってしたことが裏目に出たり，ということもよくあります。しかし，もちろん，それを超えるおもしろさが教職にはあります。児童が 25m 泳げるようになったことをともに喜んだり，予想を上回る児童の気づきで授業が盛り上がったり，帰りの会にコントの発表でお腹を抱えて笑ったり…。続けて同じ学年を担当した

＊2　第 5 章の各節を参照。

としても，同じ授業，同じ対応なんて一つも存在しません。常に変化します。そんな変化を楽しめる人なら，この仕事は向いていると思います。

私たち自身も「主体的に学ぶ」人に

　私は保護者会でよく，子どもたちには「社会に合わせる力」と，「社会を変えていく力」を身につけさせたいという話をします。どんどん変化していく社会についていくのも大変で，そのための力が必要になるのですが，さらにその先を行って，社会そのものをつくっていく，変えていく存在であってほしいなというのが強い願いです。

　学校は小さな社会です。私たち教員は，子どもたちが大人になっても「主体的に学ぶ」人間へと育てることが求められています。今回の学習指導要領の改訂では，「何を知っているか」から「何ができるか」への大きなシフトチェンジが図られました。目先のことを教えるだけでなく，学びを通じて人間としての力を高めていくには，学びの本質を私たちがしっかり体感していなければならないと思います。

　子どもの前に立つ教員だからこそ，自ら率先してアクティブ・ラーナーとなり，何事にもチャレンジしたいものです。

　学生時代に何をやったらいいかと聞かれることがあります。私は，いろいろなことを経験し，「自分を知る」ことをお勧めしています。同僚には，生徒会長や部長を務めたことのある「先生っぽい」人もいれば，バックパッカーとして世界中を渡り歩いた人や，オペラ歌手，証券マン，看護師など，異業種の社会人経験者もいます。小学校の教員は新人でもほとんどがいきなり担任なので，学校や教育関係のボランティアやアルバイトはしておくと安心です。ただ焦ってあれこれ始める必要はなく，自分と向き合うことも大事です。あなたの強みは何でしょうか。先生の「キャラ立ち」は意外と重要ですよ。私は，教員採用試験以外にも一般企業への就職活動もしましたが，長所や短所の自己分析をしておいて損はありません。

　ぜひ一緒に仕事をしましょう！

〔東京都江東区立深川小学校：教諭　小室由佳子／2020.3〕

8.2 中学校：無限の可能性を秘めた生徒と向き合う

生徒が主体的に学ぶ授業のために

　教師にとって最も大切な仕事は「授業」です。ある日の地理の授業を振り返りましょう。

　この日の授業では，まず地球儀と懐中電灯を使って，地球上には時差があることを視覚的に確認します。太陽が正面からあたると時刻が 12：00 になることを示し，当日の日の出の時刻を比べてみるためです。初めに大阪の時刻だけ示して，あとの 2ヵ所の日の出時刻を予想させます。答えは，東京 6：39，大阪 6：54，福岡 7：12。太陽は東から上るので，東に位置する都市ほど早く夜が明けることがわかります。ここで発問。「今の東京は 14：00。では大阪は何時かな？」「えーと…14：15 だ！」─素晴らしい間違いにこちらは感謝。授業終了のチャイムが鳴ったときに「えっ，もう授業終わったの？」という生徒の驚きを耳にしたときが，授業者として一番嬉しい瞬間です。

　近年では電子黒板をはじめとする ICT 機器が導入されつつあり，私の勤める中学校でも，1 年生には全員タブレットが支給されます。時代の流れに対応した「主体的・対話的で深い学び」を実現するために，個別化（自分に合った学び方や内容を選ぶ），協同（生徒どうしの学び合いを通して，学びを深めていく），探究（自分なりの問いを立て，自ら思考し課題を探究・解決していく）といった学習が求められています。

　私の授業では，予習→音読→デジタル教科書→板書→復習（まとめ）の5 層構造を基本に，グループワークを積極的に取り入れ，「言語活動」の充実を図っています。単元の節目では ICT 機器を利用して，NHK for

school の「昔話法廷」で裁判官の立場から司法の学習をしたり，「持続可能な社会」を達成するために，自由にテーマを決め，立てた仮説を文献やインタビュー，インターネットを用いて考察させ，レポートにまとめる授業なども行います。みなさんが生徒として経験した社会科の授業のイメージと比べて，どう感じるでしょうか？

多様な教師の仕事

　学級担任になると，教科の授業以外に学級活動（特別活動）や「特別の教科 道徳」，総合的な学習の時間も担当します[*1]。道徳や総合は，しばしば学年の教員全員で指導にあたり，運動会や合唱コンクールなどは職員室だけでなく事務室とも連携して ONE TEAM で行事を成功に導きます。

＊1　第 6 章の各節を参照。

　メディアでも報道されているように，勤務時間内に授業準備やその他の事務作業を終えることはどうしても難しく，私の場合は，6 時半に出勤，19 ～ 20 時に退勤が平均的な勤務実態になっています。また，校外との連携も欠かせません。今は学年主任を務めているので，週 2 回新聞形式の学年通信を作成して，学校生活の様子を保護者や地域に積極的に発信しようと努めています。

　とくに忙しくなるのは，定期考査の前後と，学期末です。テストの作成や採点，所見の作成には，ベテランでも大きな労力を要します。学年によっては修学旅行などの宿泊行事もあります。長期休業中は比較的余裕がありますが，基本的に出勤しなくてはなりません。

　そして，中学校で最も特徴的な職務は部活動の指導です。学校にもよりますが，ほとんどの教員が部活動の顧問になります。部活動の指導は，やりがいがあり，生徒との関係を深めることもできます。しかし，自身の専門の競技などの顧問になれるかどうかは学校の事情によります。休日の試合やコンクール，それに伴う練習など時間外労働も多く，現在は部活動指導員を導入するなど，教師の負担軽減に努める動きが進んでいます。

中学生の成長を支える

　中学校の 3 年間は心身が大きく成長する時期です[2]。身長が大きく伸びる，声変わりをするといった外面の変化から，思春期を迎えた内面の成長まで，心身の変化は顕著です。1 年生は素直に物事を吸収するため，善悪の判断力を身につけることが大切です。2 年生は多感な時期でトラブルも多いと思われがちですが，最も成長著しい学年でもあります。3 年生は大人への第一歩。進路選択を通して，初めての大きな自己決定が待っています。

　義務教育の最終段階として，最大の目標は人格の完成です。主体性が芽生えるこの時期に，生徒の可能性をどのように広げるか。主体性を伸ばし，自己肯定感を高めていくためには，生徒一人ひとりが互いを認め合える学級の温かな雰囲気が重要だと考えています。3 年間を通して生徒と関わることで，生徒の成長を感じるとともに，教師自身も成長していきます。

　最近では，多様な背景を抱えた生徒や，特別支援を要する生徒への対応に苦慮する場面が増えてきたように感じます。これまで以上に一人ひとりとしっかり向き合い，生徒の様子や状況をよく見て，信頼関係を築いていくことが大切になっています。このプロセスは教師である限りずっと続くのです。

*2　第 5 章の各節を参照。

　　そして，公立中学校においては，多様な生徒たちの集団をどのように伸ばしていくのかも大事になってきます。私の経験では，中学校生活における見通しをもたせ，構成的グループエンカウンターの手法などを用いて自己肯定感を高めることによって，個性豊かで温かな雰囲気へと，集団自体が成長していくことがわかります。

　　教師の役割は，先頭に立って生徒を引っ張ることではなく，生徒のベクトルが望ましい方向に向くように促すことだといえるかもしれません。

未来の仲間たちへ

　　私たちの仕事は大変なことも多いですが，生徒の成長を目の当たりにすることが最大のモチベーションになります。生徒との信頼関係を築くために日常から温かなコミュニケーションに努め，無限の可能性を秘めた一人ひとりの人生に大きな影響を与えることになることを自覚し，この職を志してほしいと思います。

　　そうして生徒の成長を考えると，仕事に終わりはないのですが，私はワークライフバランスも大切に考えています。仕事も家庭も自分もすべて大切にするのが，これからの時代の常識になっていくはずで，生徒に対してもそのような姿を見せていかなくてはと思います。

　　誰でも最初は1年生。しかし，いったん教壇に立ったらもう言い訳はできません。新人であっても，生徒にとっては「先生」です。もちろん教師としての力量の足りていないところはたくさんありますので，私はこれまで，生徒と一緒に成長する気持ちで取り組んできました。毎日少しずつ自分の限界を突破するために努力すれば，必ず生徒，保護者，同僚に何かが伝わるのではないかと思っています。

　　そして，職場の人間関係も大切です。とくに自分の目標となる先生に出会えたら，その出会いは宝物になります。生徒だけでなく自分自身も学び続け，できることから真似をしていき，自分らしさを見つけ出す。そうすることで，自分の仕事に自信をもち，教師という専門職に対するプライドをもった教師が増えていきます。このことが，これからの日本を支える力になると信じています。

　　高い志をもった未来の仲間に出会えることを楽しみにみなさんへエールを送りたいと思います。

［東京都杉並区立松溪中学校：主任教諭（社会）加藤入馬／ 2020.3］

8.3　高等学校：こんなに振り回される，楽しい職業なんてない！

教員の道へ

　教師という職に興味をもったのは小学 5 年生のときでした。クラスの子に何かを教えていたときのこと，当時の担任の先生に「教えるセンスあるね，先生になりなよ」と言われたのがきっかけでした。もともと保育士や看護師など人を支える仕事に興味があった私は，それまで考えたことのなかった "学校の先生" という道もあるんだと気づきました。父が工業系に勤めていたこともあり，小さいときからものづくりが身近にあった私は，迷わず工業高校を選びましたが，工業高校で専門教科を学ぶうちに，一般企業へ就職して工業の現場で働いてみたいという思いも出てきました。

　教員になりたい気持ちと半々くらいだったのですが，高校 3 年生になる直前の 3 月に東日本大震災が起きて，行きたかった企業はその影響で求人を停止。そのとき担任の先生が「4 年後待ってるから」といってくれました。教育実習のことでした。ここで私は決めました，「先生」になろうと。

工業科の特徴とアドバンテージ

　工業高校の一番の魅力は手に職をつけられることです。でも高校や大学の卒業後，あるいは就職してすぐに技術が生かせるかといえばそうではありません。知らないものや見たことのないものなど，初めてのことがたくさんあります。ですが 3 年間で学んだことを，入社後すぐではなく，何年も何十年も経ってから，そういえばあのとき，と生かせることができるのは，工業高校ならではのことなのかなと思います。「安全第一」や「5S（整理・整頓・清潔・清掃・躾）」など工業ならではのことはもちろん，高校卒業後すぐに就職する生徒がほとんどなので，1 年生のときから社会人としてのマナーも多く学ぶことができます。たとえ工業系に進まなくても，一歩リードした社会人になれることは大きいと思います。

　衣類・飲食物・建物・製品……。私たちの身の回りにあるすべてのものは，工業という分野がなければ成り立たないものです。普段はなかなか感じにくいことなのですが，工業科の生徒であるからこそ，身をもってそれを感じることができるのは，とても大切なことだろうと思います。

高校生たちの歩みとかかわって

　私からすれば高校生といえども大人の一歩手前という感覚です。生徒たちは「自己責任」という言葉のもと，基本的にはすべて自分たちで決め，行動しています。文化祭や体育祭などの学校行事が近づくと私に「決めたいことがあるので時間いただけませんか？」と伺いを立ててくれます。人間関係においては，クラスや部活動内で苦手な人がいても，ぶつかり合いはあまりせず，かといってその人を拒否するのではなく，当たり障りのない距離感を保っていたりします。

　工業ならではのこととしては，座学は苦手だけど実習の成績は断トツによい生徒がいたり，普段の学習成績はあまりよくないけれど専門の部活動において優秀な成績を残す生徒がいたりします。ですからそれぞれの特徴を捉えて，就職先や進学先を一緒に考え，決定しなければならないところが難しいです。その子たちが卒業して，高校に近況報告を兼ねて遊びに来てくれたときに「先生，聞いて〜！」と，工業の教員をやっていてもまだまだ知らない工業の世界の話をしてくれることで，いろんな話を聞くことができるのが，またおもしろいです。

工業高校の文化祭では，焼き鳥の焼き台も生徒たちが設計・製作する

魅力と楽しさの詰まった「先生」のしごと

　大学で教職課程を履修し始めたとき，いつかは「先生」と呼ばれる日が来るんだろうなと，ぼんやり思っていました。「先生」と初めて呼ばれた日，ぜったいこの職を天職にしてみせるんだ，と誓いました。教師をやっている中で，授業がうまくいかなくて落ち込んだり，部活動で結果が残せなくて悔しいと思うこともありました。でも文化祭で賞を取って生徒と喜んだり，体育祭で一緒になって応援したり楽しんだりもします。こんなにも感情に，人に，振り回される職ってなかなかないと思います。だからこその面白さが，やりがいが，教職にはいっぱい詰まっています。現場で働く私でも，まだまだ伝えきれないほどの魅力がたくさんあります。

　もし今後どこかで，お会いする機会があったらぜひ，みなさんが感じた「先生」を私に教えてください。楽しみにしています。

〔千葉県立千葉工業高等学校：教諭（工業）中村美咲／ 2020.3〕

引用・参考文献

第1章

内閣府 (2019)『令和元年版　高齢社会白書』

細川英雄・西山教行編 (2010)『複言語・複文化主義とは何か　ヨーロッパの理念・状況から日本における受容・文脈化へ』くろしお出版

ホッブス, R. 著, 森本洋介・和田正人監訳 (2015)『デジタル時代のメディア・リテラシー教育　中高生の日常のメディアと授業の融合』東京学芸大学出版会

宮崎猛・古賀毅編著 (2014)『教師のための現代社会論』教育出版

Council of Europe, Common European Framework of Reference for Languages：Learning, teaching, assessment.（欧州評議会「欧州共通言語参照枠：学習・教授・評価」）https://rm.coe.int/1680459f97（2020 年 1 月 22 日最終閲覧）

第2章

赤星晋作 (2017)『アメリカの学校教育―教育思潮・制度・教師―』学文社

市川昭午 (2010)『教育政策研究五十年　体験的研究入門』日本図書センター

勝野正章・藤本典裕編 (2008)『教育行政学　改訂版』学文社

教育制度研究会 (2011)『要説 教育制度［新訂第三版］』学術図書出版社

黒崎勲 (1999)『教育行政学』岩波書店

坂野慎二 (2015)「教育政策過程の検証と今後の課題」『日本教育経営学会紀要』日本教育経営学会, 第 57 巻, 51-62 頁

志水宏吉 (2002)『学校文化の比較社会学―日本とイギリスの中等教育』東京大学出版会

高見茂・開沼太郎・宮村裕子編 (2015)『教育法規スタートアップ　ver3.0―教育行政・政策入門』昭和堂

高見茂監修 (2019)『2020 年度版　必携教職六法』協同出版

平原春好・寺﨑昌男編 (1998)『新版 教育小事典』学陽書房

宗像誠也 (1969)『教育行政学序説　増補版』有斐閣

文部科学省 (2017)「学校における働き方改革特別部会（第 6 回）配付資料　平成 29 年 10 月 20 日　学校における働き方改革特別部会 資料 5 － 2」https://www.mext.go.jp/b_menu/shingi/chukyo/chukyo3/079/siryo/__icsFiles/afieldfile/2017/11/08/1397673_5-2.pdf（2019 年 12 月 23 日最終閲覧）

文部科学省 (2019)『諸外国の教育動向 2018 年度版』

文部科学省 (2019)「学校基本調査（令和元年度）（速報）」

文部科学省 (2019)「諸外国の教育統計　平成 31（2019）年版」http://www.mext.go.jp/b_menu/toukei/data/syogaikoku/1415074.htm（2019 年 9 月 20 日最終閲覧）

文部科学省「教育委員会制度について」http://www.mext.go.jp/a_menu/chihou/05071301.htm（2019 年 9 月 29 日最終閲覧）

文部科学省「学制百年史　資料編」http://www.mext.go.jp/b_menu/hakusho/html/others/detail/1317930.htm（2019 年 8 月 29 日最終閲覧）

文部省 (1972)『学制百年史』帝国地方行政学会

Arbeitsgruppe Bildungsbericht am Max-Planck-Institut für Bildungsforschung (1994). *Das Bildungswesen in der Bundesrepublik Deutschland. Strukturen und Entwicklungen im Überblick*, Rowohlt.（= 2006, 天野正治, 木戸裕, 長島啓記監訳『ドイツの教育のすべて』東信堂）

第3章

天野知恵子（2007）『子どもと学校の世紀　18世紀フランスの社会文化史』岩波書店

アリエス，Ph. 著，杉山光信・杉山恵美子訳（1980）『〈子供〉の誕生　アンシァン・レジーム期の子供と家族生活』みすず書房（原著1690年）

伊藤良高・大津尚志・永野典詞・荒井英治郎編（2015）『教育と法のフロンティア』晃洋書房

岩内亮一・本吉修二・明石要一編集代表（2010）『教育学用語辞　第四版（改訂版）』学文社

江藤恭二監修（2008）『新版 子どもの教育の歴史　その生活と社会背景をみつめて』名古屋大学出版会

香川正弘・鈴木眞理・佐々木英和編（2008）『やわらかアカデミズム・〈わかる〉シリーズ よくわかる生涯学習』ミネルヴァ書房

苅谷剛彦（1995）『大衆教育社会のゆくえ　学歴主義と平等神話の戦後史』中公新書

木村元編（2015）『系統看護学講座 基礎分野　教育学　第7版』医学書院

久保義三・米田俊彦・駒込武・児美川孝一郎編（2001）『現代教育史事典』東京書籍

コンドルセ他著，阪上孝編訳（2002）『フランス革命期の公教育論』岩波文庫

斉藤利彦・佐藤学編（2016）『新版　近現代教育史』学文社

佐久間孝正『多国籍化する日本の学校　教育グローバル化の衝撃』勁草書房

佐藤晴雄（2016）『コミュニティ・スクール―「地域とともにある学校づくり」の実現のために』エイデル研究所

汐見稔幸・伊藤毅・高田文子・東宏行・増田修治編著（2011）『やわらかアカデミズム・〈わかる〉シリーズ　よくわかる教育原理』ミネルヴァ書房

柴田義松・斉藤利彦編（2005）『教育史』学文社

島田和幸・高宮正貴編著（2018）『よくわかる！　教職エクササイズ1　教育原理』ミネルヴァ書房

杉村美紀編著（2017）『移動する人々と国民国家　ポスト・グローバル化時代における市民社会の変容』明石書店

田代直人・佐々木司編著（2006）『教育の原理―教育学入門』ミネルヴァ書房

田中克彦（1981）『ことばと国家』岩波新書

中央教育審議会（2015）「新しい時代の教育や地方創生の実現に向けた学校と地域の連携・協働の在り方と今後の推進方策について（答申）」http://www.mext.go.jp/b_menu/shingi/chukyo/chukyo0/toushin/__icsFiles/afieldfile/2016/01/05/1365791_1.pdf（2019年9月21日最終アクセス）

森川輝紀・小玉重夫（2012）『教育史入門』放送大学出版会

文部科学省（2011）「子どもたちの未来をはぐくむ家庭教育―家庭教育支援の取組について―」http://www.mext.go.jp/a_menu/shougai/katei/1312143.htm（2019年9月21日最終アクセス）

文部省（1967）『目で見る教育のあゆみ 明治初年から昭和20年まで』東京美術

山住正巳（1987）『日本教育小史―近・現代』岩波書店

山本正身（2014）『日本教育史』慶應義塾大学出版会

第4章

石村華代・軽部勝一郎編著（2013）『教育の歴史と思想』ミネルヴァ書房

稲垣由子・上田淑子・内藤由佳子編著（2019）『子ども学がひらく子どもの未来：子どもを学び，子どもに学び，子どもと学ぶ』北大路書房

梅根悟・長尾十三二編（1974）『教育学の名著12選』学陽書房

大武茂樹（1991）「ケルシェンシュタイナー教育思想の転換：「陶冶論」の再検討を中心に」日本教育学会『教育学研究』第58巻4号，329-338頁

ケイ，E. 著，小野寺信・小野寺百合子訳（1979）『児童の世紀』冨山房

小林道夫・小林康夫・坂部恵・松永澄夫編（1999）『フランス哲学・思想事典』弘文堂

コメニウス，J. A. 著，井ノ口淳三訳（1988）『世界図絵』ミネルヴァ書房

コメニウス，J. A. 著，鈴木秀勇訳（1962, 1979）『大教授学I, II』明治図書

コンドルセ他著，阪上孝訳（2002）『フランス革命期の公教育論』岩波文庫

志垣寛（1925）『教育教授の没落』厚生閣

曽我雅比児（2007）「近代公教育制度成立過程の研究：欧米諸国における義務教育の創設」岡山理科大学『岡山理科大学紀要』43 号 B，67-80 頁

世界教育研究会編（1975）『世界教育史大系 2　日本教育史Ⅱ』講談社

世界教育研究会編（1976）『世界教育史大系 18　アメリカ教育史Ⅱ』講談社

荘司雅子（1990）『幼児教育の思想』玉川大学出版部

伊達聖伸（2010）『ライシテ・道徳・宗教学：もうひとつの 19 世紀フランス宗教史』勁草書房

デューイ著，宮原誠一訳（2004）『学校と社会』岩波文庫

デューイ著，松野安男訳（1975）『民主主義と教育〈上〉〈下〉』岩波文庫

デューイ著，市村尚久訳（2004）『経験と教育』講談社学術文庫

谷本富（1906）『新教育講義』六盟館

橋本美保・田中智志編著（2015）『大正新教育の思想　生命の躍動』東信堂

ハービソン，E．H．著，根占献一監訳（2015）『キリスト教的学識者—宗教改革時代を中心に—』知泉書館

原聡介・宮寺晃夫・森田尚人・今井康雄編（1999）『近代教育思想を読みなおす』新曜社

平田文子（2018）「デュルケーム社会的連帯論における道徳的原理：『ユダヤの本質』に注目して」教育哲学会『教育哲学研究』117 号，62-79 頁

藤井千春編著（2018）『西洋教育思想』ミネルヴァ書房

福沢諭吉（1942）『学問のすゝめ』岩波文庫

本田和子（2000）『子ども 100 年のエポック—「児童の世紀」から「子どもの権利条約」まで—』フレーベル館

メイヒュー，K．C．，エドワーズ，A．C．著，小柳正司監訳（2017）『デューイ・スクール—シカゴ大学実験学校：1896 年〜 1903 年』あいり出版

森田尚人・森田伸子編著（2013）『教育思想史で読む現代教育』勁草書房

ラヴィッチ，D．著，末藤美津子・宮本健市郎・佐藤隆之訳（2008）『学校改革抗争の 100 年—20 世紀アメリカ教育史』東信堂

ロック，J．著，梅崎光生訳（1960）『教育論』明治図書

ワイドブレッド，N．著，田口仁久訳（1992）『イギリス幼児教育の史的展開』酒井書店

Dewey, J. (1897) "The University Elementary School, History and Character", University Record, University of Chicago.

Durkheim, É. (1926) *De La Division du travail social*, Félix Alcan.（＝ 1989，井伊玄太郎訳『社会分業論』上下巻，講談社）

Durkheim, É. (1960) *Le suicide : étude de sociologie*, PUF.（＝ 2007，宮島喬訳『自殺論』中央公論新社）

Durkheim, É. (1974) *L'Éducation morale*, PUF.（＝ 2014，麻生誠・山村健訳『道徳教育論』講談社）

第 5 章

American Psychiatric Association 著，髙橋三郎・大野裕監訳（2017）『DSM-5　精神疾患の分類と診断の手引』（日本語版用語監修：日本精神神経学会）医学書院

エリクソン，E．H．著，小此木啓吾訳編（1973）『自我同一性—アイデンティティとライフサイクル—』誠信書房

岡本夏木（1985）『言葉と発達』岩波書店

大野晶子（2008）「いじめ加害者達の社会的スキルといじめ継続期間の関連」『日本女子大学大学院人間社会研究科紀要』14，149-161 頁

国立教育政策研究所（2015）「生徒指導リーフ Leaf.15 中 1 ギャップの真実」http://www.nier.go.jp/shido/leaf/leaf15.pdf（2019 年 9 月 17 日最終閲覧）

国立教育政策研究所編（2016）『小中一貫　事例編』東洋館出版社

久世敏雄（2000）「青年期とは」久世敏雄・齋藤耕二監修『青年心理学事典』福村出版，4-5 頁

澤田匡人・大久保智生（2017）「中学生・高校生（青年期前半）の心理学」太田信夫監修『シリーズ

　　心理学と仕事　発達心理学』北大路書房，105-123 頁

樋口直宏 (2016)「学校種間の連携」日本学校心理学会編『学校心理学ハンドブック第 2 版―「チーム」学校の充実をめざして』教育出版，220-221 頁

ピアジェ，J. 著，谷村覚・浜田寿美男訳 (1978)『知能の誕生』ミネルヴァ書房

溝上慎一 (2015)「青年心理学との融合」長谷川寿一監修『思春期学』東京大学出版会，321-329 頁

文部科学省 (2019)「学校基本調査」https://www.e-stat.go.jp/stat-search/files?page=1&layout=datalist&toukei=00400001&tstat=000001011528&cycle=0&tclass1=000001021812 (2019 年 9 月 9 日最終閲覧)

文部科学省初等中等教育局特別支援教育課 (2018)「特別支援教育資料 (平成 29 年度)」http://www.mext.go.jp/a_menu/shotou/tokubetu/material/1406456.htm (2019 年 9 月 9 日最終閲覧)

文部科学省 (2012)「共生社会の形成に向けたインクルーシブ教育システム構築のための特別支援教育の推進 (報告)」http://www.mext.go.jp/b_menu/shingi/chukyo/chukyo3/044/houkoku/1321667.htm (2019 年 9 月 9 日最終閲覧)

山本由美 (2016)「小中一貫校問題はどうなっているか」山本由美・藤本文朗・佐貫浩編『「小中一貫」で学校が消える』新日本出版社

湯浅恭正 (2018)『よくわかる特別支援教育　第 2 版』ミネルヴァ書房

第6章

有村久春 (2017)『改訂三版　キーワードで学ぶ　特別活動　生徒指導・教育相談』金子書房

片山紀子 (2014)『新訂版　入門　生徒指導』学事出版

木村優・岸野麻衣編 (2019)『授業研究　実践を変え，理論を革新する』新曜社

京免徹雄 (2016)「教育課程とキャリア教育」小泉令三・古川雅文・西山久子編著『キーワード　キャリア教育―生涯にわたる生き方教育の理解と実践』北大路書房，25-35 頁

京免徹雄 (2018)「キャリア教育推進施策の変容とさらなる展開」藤田晃之編著『MINERVA はじめて学ぶ教職 19　キャリア教育』ミネルヴァ書房，57-69 頁

京免徹雄 (2019)「進路指導・キャリア教育の理念と基礎理論」和田孝・有村久春編著『新しい時代の生徒指導・キャリア教育』ミネルヴァ書房，152-164 頁

国立教育政策研究所生徒指導・進路指導研究センター (2018)「生徒が直面する将来のリスクに対して学校にできることって何だろう？(キャリア教育リーフレット 2)」

柴田義松 (2000)『教育課程　カリキュラム入門』有斐閣

中央教育審議会 (1999)「初等中等教育と高等教育との接続の改善について (答申)」

中央教育審議会 (2011)「今後の学校教育におけるキャリア教育・職業教育に在り方について (答申)」

長沼豊・柴崎直人・林幸克 (2018)『特別活動の理論と実践～生徒指導の機能を生かす～』電気書院

藤田晃之 (2017)『平成 29 年版　中学校新学習指導要領の展開　特別活動編』明治図書

松尾知明 (2015)『21 世紀型スキルとは何か』明石書店

文部科学省 (2010)『生徒指導提要』教育図書

文部科学省 (2016)「平成 28 年 5 月 27 日教育課程部会 考える道徳への転換に向けたワーキンググループ　資料 4 道徳教育について」http://www.mext.go.jp/b_menu/shingi/chukyo/chukyo3/078/siryo/__icsFiles/afieldfile/2016/08/05/1375323_4_1.pdf (最終閲覧 2019.12.23)

文部科学省 (2017)『小学校学習指導要領 (平成 29 年告示) 解説　特別の教科　道徳編』

文部科学省 (2017)『中学校学習指導要領 (平成 29 年告示) 解説　特別の教科　道徳編』

文部科学省 (2018)『中学校学習指導要領 (平成 29 年告示) 解説　総則編』東山書房

文部科学省 (2018)『中学校学習指導要領 (平成 29 年告示) 解説　特別活動編』東山書房

文部科学省初等中等教育局児童生徒課 (2019)「『キャリア・パスポート』例示資料等について」

文部科学省・国立教育政策研究所教育課程研究センター (2016)『学級・学校文化を創る特別活動 [中学校編]』東京書籍

文部省 (1974)『中学校・高等学校進路指導の手引―中学校学級担任編』

吉崎静夫監修 (2019)『授業研究のフロンティア』ミネルヴァ書房

第7章

アレン，R. C. 著，眞嶋史叙・中野忠・安元稔・湯沢威訳（2017）『世界史のなかの産業革命—資源・人的資本・グローバル経済』名古屋大学出版会

石堂常世編著（2006）『中学・高校版「総合的な学習の時間」教材研究—素材をどう生かすか』学文社

カードウェル，D. S. L. 著，金子務訳（1982）『技術・科学・歴史—転回期における技術の諸原理』河出書房新社

カードウェル，D. S. L. 著，金子務監訳（1989）『蒸気機関からエントロピーへ—熱学と動力技術』平凡社

クラウザー，J. G. 著，鎮目恭夫訳（1962）『産業革命期の科学者たち』岩波書店

小林学（2013）『19世紀における高圧蒸気原動機の発展に関する研究—水蒸気と鋼の時代』北海道大学出版会

田村学・原田信之編著（2009）『リニューアル 総合的な学習の時間』北大路書房

角山栄・川北稔・村岡健次（1992）『生活の世界歴史〈10〉産業革命と民衆』河出文庫，河出書房新社

ディキンソン，H. W. 著，磯田浩訳（1994）『蒸気動力の歴史』平凡社

朝永振一郎（1979）『物理学とは何だろうか　上』岩波新書，岩波書店

ドルトン著，田中豊助・原田紀子・相悠紀江共訳（1986）『化学の新体系』内田老鶴圃

中村一成（2019）『映画でみる移民／難民／レイシズム』影書房

長谷川貴彦（2012）『産業革命』世界史リブレット116，山川出版社

バターフィールド，H. 著，渡辺正雄訳（1978）『近代科学の誕生　下』講談社学術文庫，講談社

ホブズボーム，E. J. 著，浜林正夫・和田一夫・神武庸四郎訳（1996）『産業と帝国　新装版』未來社

マイヤー，J. R. 他著，崎川範行訳編（1951）『エネルギー理論の成立（創元科学叢書第42）』創元社

増田ユリヤ（2016）『揺れる移民大国フランス—難民政策と欧州の未来』ポプラ社

マントゥ，P. 著，徳増栄太郎・井上幸治・遠藤輝明訳（1964）『産業革命』東洋経済新報社

室橋裕和（2019）『日本の異国—在日外国人の知られざる日常』晶文社

山本義隆（2008）『熱学思想の史的展開〈1〉—熱とエントロピー』ちくま学芸文庫，筑摩書房

山本義隆（2009）『熱学思想の史的展開〈2〉—熱とエントロピー』ちくま学芸文庫，筑摩書房

山本義隆（2009）『熱学思想の史的展開〈3〉—熱とエントロピー』ちくま学芸文庫，筑摩書房

事項索引

人名索引

[編著者紹介]

古賀　毅（こが・つよし）

1969年 東京生まれ
2000年 早稲田大学大学院教育学研究科教育基礎学専攻博士後期課程満期退学
博士（教育学，早稲田大学）
現在　千葉工業大学創造工学部准教授
専攻　教育学（教育思想史，社会科教育，フランス・欧州の教育動向）
主著　『教師のための現代社会論』（共編著　教育出版，2014年）
　　　『教育の方法・技術とICT』（共編著　学文社，2022年）

やさしく学ぶ教職課程　教育原理

2020年3月25日　第1版第1刷発行
2024年9月20日　第1版第5刷発行

編著者　古賀　毅

発行者　田中　千津子
発行所　株式会社 学文社

〒153-0064　東京都目黒区下目黒3-6-1
電話　03（3715）1501（代）
FAX 03（3715）2012
https://www.gakubunsha.com

印刷　新灯印刷
Printed in Japan

ISBN978-4-7620-2970-7